▶▶ 外研社·供高等学校日语专业使用

新经典日本语

听力教程 第一册 第三版 精解与同步练习册

总主编 / 于 飞

主 审 / 修 刚 陈 岩 大工原勇人〔日〕

主 编 / 刘晓华 罗米良 苏君业

副主编 / 刘 艳 韩晓萍 王 昱

外语教学与研究出版社
北京

图书在版编目（CIP）数据

新经典日本语听力教程第一册（第三版）精解与同步练习册 / 刘晓华，罗米良，苏君业主编；刘艳，韩晓萍，王昱副主编. —— 北京 ：外语教学与研究出版社，2023.11
（新经典日本语 / 于飞总主编）
ISBN 978-7-5213-4913-9

Ⅰ. ①新… Ⅱ. ①刘… ②罗… ③苏… ④刘… ⑤韩… ⑥王… Ⅲ. ①日语－听说教学－高等学校－习题集 Ⅳ. ①H369.6

中国国家版本馆 CIP 数据核字（2023）第 213571 号

出 版 人　王　芳
项目策划　杜红坡
责任编辑　杜梦佳
责任校对　庞梦溦
装帧设计　彩奇风
出版发行　外语教学与研究出版社
社　　址　北京市西三环北路 19 号（100089）
网　　址　https://www.fltrp.com
印　　刷　三河市北燕印装有限公司
开　　本　889×1194　1/16
印　　张　16.5
版　　次　2023 年 11 月第 1 版 2023 年 11 月第 1 次印刷
书　　号　ISBN 978-7-5213-4913-9
定　　价　45.00 元

如有图书采购需求，图书内容或印刷装订等问题，侵权、盗版书籍等线索，请拨打以下电话或关注官方服务号：
客服电话：400 898 7008
官方服务号：微信搜索并关注公众号"外研社官方服务号"
外研社购书网址：https://fltrp.tmall.com

物料号：349130001

第三版序

近年来，随着我国现代化进程的持续深入与高等教育水平的不断提高，我国高等院校外语专业在人才培养模式、课程设置、教学内容、教学理念与教学方法等方面发生了很大变化。为了适应新时代的教学需求，在对全国不同类型院校日语专业教学现状进行调研的基础上，大连外国语大学和外语教学与研究出版社共同组织中日两国专家和一线教师，编写了"新经典日本语"系列教材。

本系列教材自出版以来，得到我国高等院校日语专业教师的广泛认可，受到使用院校的普遍好评。为了紧跟新时代日语教育发展的步伐，将党的二十大精神有机融入教材，落实立德树人根本任务，更好地服务于中国高等院校日语专业教学，全体编写人员一致认为有必要对本系列教材再次进行修订。为此，大连外国语大学组织60余名专业教师和9名日籍日语教育专家，在收集整理使用院校意见后，由主编统筹修订方案，专家审订修订内容，编写团队多轮反复修改，历时两年完成了本次修订。本次修订我们重点对教材中解释说明部分的科学性、会话内容与现实生活的结合度、例句的典型性、练习的针对性、录音及情境图示的生动性等进行了深入的研讨，修改了学习目标、句型、注解、解析、导入、练习等板块中的部分内容，替换了非典型例句、与知识点不同步的练习题及不明确的提示图片等。

"新经典日本语"系列教材包括基础教程、听力教程、会话教程、阅读教程、写作教程、高级教程、口译教程、笔译教程，具有以下特色。

一、第三版的设计和编写兼顾两个标准。

依据《普通高等学校本科专业类教学质量国家标准（外国语言文学类）》《普通高等学校本科日语专业教学指南》的培养目标、培养规格（素质要求、知识要求、能力要求）以及课程体系的要求编写，将立德树人作为教育、教学的首要任务，专业课程与课程思政同向同行。同时，在日语能力培养方面参照《JF日语教育标准》（日本国际交流基金会），采用进阶式日语能力设计模式。此外，本系列教材还强调同一阶段不同课程间的横向衔接，重视不同课程在教学上的相互配合和知识互补，旨在解决不同课程在教学目标、教学内容、课时分配等方面因相对独立所形成的矛盾和冲突。本系列教材将日语专业学习分为基础阶段和高年级阶段。基础阶段"学习日语"，培养学生的日语学习能力与语言运用能力；高年级阶段"用日语学"，培养学生的跨文化交际能力、思辨能力与研究能力。

二、突显现代教育认知理论在教学中的指导性。

为使教材在教学中发挥更积极的作用，在编写和修订过程中，我们吸收和借鉴了现代外语教育中的先进理念。虽然日语听、说、读、写、译能力的培养目标和培养模式有所不同，但理论和实践证明：外语习得的过程必须符合学习者的认知规律才能取得良好的效果。因此，本系列教材是在认知理论的指导下，贯彻相应的教学理念，结合了不同课程的特点设计编写而成的。

三、强调"任务型教学法"在教学中的运用。

外语学习不仅是语言知识积累的过程，更是学习者根据学习体验进行归纳、假设、推论、演绎的过程。因此，本系列教材既重视学生在课堂教学中的参与度，也强调学生课下自主学习的重要性。教师不再仅仅是语言知识的传授者、解释者，也是学习环境的创建者、学习任务的设计者。

四、构建内容充实、形式多样的立体化教学服务体系。

本系列教材除纸质版教材、配套音频外，还依托"U校园智慧教学云平台"，提供了标准化、规范化的课件、教案、微课视频、示范课、题库等，助力打造智慧课堂。

最后，感谢外研社领导和各位编辑多年来的陪伴和支持，正是这种精益求精的匠人态度、力争上游的进取精神，才成就了"新经典日本语"系列教材。同时，感谢使用院校的各位老师和同学对"新经典日本语"系列教材的关注和支持，更感谢在教材修订过程中提出宝贵意见的各位同仁。我们希望通过本次修订，使"新经典日本语"系列教材能更好地为中国高等院校日语专业教学提供服务。

"新经典日本语"系列教材编委会

2023年10月

前 言

　　《新经典日本语听力教程：第三版》是以高等院校零起点的日语专业学生为对象，以培养学生听解能力为目标的日语专业听力教材，由中日两国长期从事日语教育的一线教师共同努力编写而成。《新经典日本语听力教程：第三版》共八册（主教材第一至第四册、精解与同步练习第一至第四册），分别对应日语专业一、二年级的四个学期。第一、二册以任务型专项训练模式为主，重点培养学生基础听解能力；第三、四册以话题型专项训练模式为主，让学生了解日本社会诸多领域知识，重点培养学生综合听解能力。

　　在现实生活中，"听"的主要目的是获取有用信息，而非听出全部信息。如果听力训练要求学生听懂全部内容，就会给学生一种错误的引导，也会给训练的过程增加额外的负担。本教材在编写过程中遵循听解过程中"自上而下"和"自下而上"的信息处理原理，充分吸收了认知科学、第二语言习得等领域有关听力教学研究的先进理念和最新成果，结合了日语专业听力教材的编写经验以及听力课程的授课经验，科学地选取听力材料，合理地设计教材结构，全方位整合了各项资源。

　　本套教材以《外国语言文学类教学质量国家标准》和《普通高等学校本科日语专业教学指南》为依据，参照《JF 日语教育标准 2010》编写而成。在编写设计上，主要体现以下几个特点：

1. 选材真实生动，文化内涵丰富，有利于激发学生学习的积极性。

　　　本套教材注重选材的广泛性、实用性、知识性、趣味性，也强调时尚性和前卫性。所选素材真实、生动，大量使用实景图片、图表和插画。内容涵盖社会、文化、经济、自然、科学、娱乐等诸多领域。同时结合中国日语教育的特点，注重日语教材的本土化，把课程思政建设充分体现在教材中。比如把中国的传统节假日说法、中国的城市介绍、中国的自然风光和人文景色等诸多中国元素植入教材，在话题中自然融入中日两国不同的文化元素，有助于培养学生的家国情怀和跨文化交际能力。

2. 训练模式得当，符合听力训练规律，有利于培养学生获取有效信息的能力。

　　　本套教材每课都围绕主题设定了清晰的教学目标、听力训练任务以及话题，通过任务型和话题型的听力训练，让学生掌握从繁多的干扰信息中获取有效信息的技巧。

3. 听解任务设计循序渐进，符合听力教学规律，有利于培养学生逐步掌握听力技巧。

本套教材围绕"听解"这一主线，设计了"听力要点"及"单词和语句"等诸多环节，引导学生从复杂的对话或叙述中听取与任务相关的关键信息，使学生能够在日常学习过程中自然地掌握听力技巧。在听解能力培养上，从对语音、词汇、短句、对话、文章的理解，到听写、归纳、复述、中日文互译等训练，都充分体现了循序渐进的学习规律，符合第二语言习得原理。

4. 以产出为导向，重视语言输入与输出衔接，有利于培养学生语言综合运用能力。

本套教材分别设计了"听辨""听选""听写""跟读""试说""听译"等环节，强化语言输入与输出的衔接，以"写、说、译"来促进对学生听解能力的培养，最终实现提高语言综合运用能力的教学目标。

5. 专业录音，语音优美自然，教辅资源配套齐全。

本套教材由日本专业播音员录制音频，语音地道纯正。配套的《新经典日语听力教程精解与同步练习册》，除了提供听力原文及答案以外，还重点为师生提供了理解内容、拓展知识的"解析"模块，并针对每课内容精心编写了综合练习题。另外，教材配套的课件、题库等教辅资源为教学提供有力的支持。

在编写过程中，我们借鉴和吸收了众家之长，形成了自己的创新理念，但囿于学识和经验，在教材设计编写中尚存在不足之处。我们诚挚地希望业界专家和兄弟院校不吝赐教，提出批评和建议，敦促我们不断改进，以使本套教材日臻完善。

《新经典日本语听力教程》编写组

2023年10月

使用说明 💡

本书是《新经典日本语听力教程第一册：第三版》的配套教辅。本书的结构与主教材基本一致，内容包括与主教材各模块音频对应的文字资料、解题技巧说明、重点单词和语句的解释，并补充了相关的日本文化、历史、社会知识，为学生预习和复习提供了有利的支持和保障。此外，还精心编写了与每课内容相关的综合练习题。

本书的主要内容分为语音听力训练和基础听力训练两大部分，以下将对这两大部分的使用方法做简要的说明。

1 语音听力训练

本书的第1课和第2课为语音听力训练，每课包含活动1和活动2。语音听力训练部分的主要目标是帮助学生巩固在基础课上学到的假名，让学生能够通过发音、听选、听记等练习模块准确记忆假名的发音、写法，区分发音相近的假名，掌握简单的常用词汇和表达方式。

语音听力训练主要分为5个模块，第一模块为「ウォーミングアップ」。本模块以图表的形式汇总本课要练习的假名，利用图表帮助学生系统地巩固日语平假名和片假名的读音和写法。第二模块为「聞きながら発音してみましょう」，包括「音の練習」「単語の練習」「拍の練習」三个部分，学习时要注意日语的语音、声调及节拍的特点。第三模块为「聞いて選びましょう」，包括对平假名、片假名以及单词的听选练习，要学习日语中判断句、疑问句及否定句等基础句型。第四模块为「聞いて書きましょう」，包括平假名、片假名以及日语绕口令的听写练习。第五模块为「聞きながら覚えましょう」，内容为日语常用的问候语及会话，学生可以根据【解析】了解这些语句的意思，通过跟读、模仿、记忆的方式感受和掌握日语的声调、语调。

2 基础听力训练

本书的第3课至第14课为基础听力训练，每课包含活动1和活动2，每个活动由课前预习、基础篇、应用篇三个部分组成。通过听选、听写、跟读、试说等训练模块帮助学生巩固已学的语言知识点，同时提高学生日语听辨、听写、听记和概括能力，为中高级阶段的日语听力学习打下坚实的基础。为方便学生课前自主预习、课上确认录音内容以及课后复习，下面以第4课的活动1内容为例，简要说明基础听力训练的使用方法。

□「聞く前に」

该部分可供学生预习、了解本课主题、学习相关单词及常用表达方式。配有答案范例，有利于学生掌握基本词汇、把握相关背景知识。

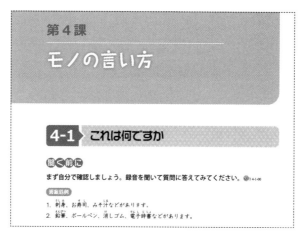

基础篇（「基礎編」）

□「聞いて選びましょう」

该部分设计了3种训练方式，设题号为"一""二""三"。

第一大题为看图听录音判断正误题。学生需仔细看图，并预测录音中可能会出现的词汇和表达方式等，通过这一过程，激活相关背景知识，帮助学生形成良好的听解习惯。【解析】部分主要针对题目中的重点及难点词汇、背景知识、解题思路进行说明。

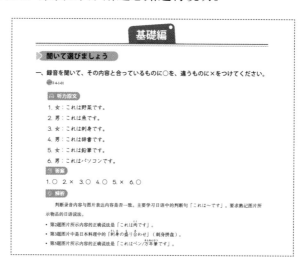

第二大题为听录音选择图片题。学生先仔细观察两张图片的异同，然后结合图片的内容，听录音选择答案。在听选环节结束后，学生可以归纳主要内容，进行日语问答练习，培养从输入到输出的转换能力。

二、会話を聞いて、その内容と合っている絵を選んでください。 3-4-1-02

听力原文

1. 男：それは何ですか。
   女：これ？これは肉です。豚肉です。
2. 女：これは鉛筆ですか。
   男：いいえ、鉛筆ではありません。ボールペンです。
3. 男：これは消しゴムですか。
   女：ええ、消しゴムです。
4. 女：これは何の写真ですか。
   男：私の家ですよ。

答案

1. A 2. B 3. B 4. A

解析

根据录音内容选择相应的图片。解题方法是先判断A与B的区别，然后听录音进行辨别，重点听对疑问句的回答。

第三大题为文字信息听选题。该部分的选项由图片转换为文字，学习方法与第二大题基本相同。该部分素材更多地涉及日本文化、社会常识、日常生活等内容，有利于学生深入了解日本社会及文化。

三、録音を聞いて、その内容と合っているものを選んでください。 3-4-1-03

听力原文

1. 女：これはペンですか。
   男：いいえ、ペンではありません。ボールペンですよ。
2. 男：これは何ですか。
   女：携帯電話です。
   男：へえ、携帯電話ですか。（↓）
3. 男：これは刺身ですか。
   女：いいえ、お寿司ですよ。
   男：そうですか。（↓）寿司ですか。（↓）
4. 男：明日の朝ご飯はパンですか。ご飯ですか。
   女：ご飯とみそ汁ですよ。

答案

1. B 2. A 3. B 4. B

解析

判断录音内容与文字信息是否对应。本题重点学习一般疑问句，注意对话中应答词的用法。

「聞いて書き入れましょう」

该部分设计了2种训练方式，设题号为"四""五"。

第四大题为记录关键信息题，学生需仔细阅读题目要求，填写关键信息，做听写训练。

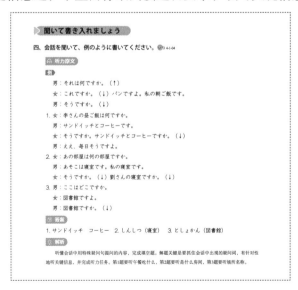

聞いて書き入れましょう

四、会話を聞いて、例のように書いてください。 3-4-1-04

听力原文

例
男：それは何ですか。（↑）
女：これですか。（↓）パンですよ。私の朝ご飯です。
男：そうですか。（↓）

1. 女：李さんの昼ご飯は何ですか。
   男：サンドイッチとコーヒーです。
   女：そうですか。サンドイッチとコーヒーですか。（↓）
   男：ええ、毎日そうです。
2. 女：あの部屋は何の部屋ですか。
   男：あそこは寝室です。私の寝室です。
   女：そうですか。（↓）劉さんの寝室ですか。（↓）
3. 男：ここはどこですか。
   女：図書館ですよ。
   男：図書館ですか。（↓）

答案

1. サンドイッチ　コーヒー　2. しんしつ（寝室）　3. としょかん（図書館）

解析

听懂会话中特殊疑问句提问的内容，完成填空题。解题关键是要抓住会话中出现的疑问词，有针对性地听关键信息，并完成听力任务。第1题要听午餐吃什么，第2题要听是什么房间，第3题要听场所名称。

第五大题为归纳焦点信息题，学生需仔细阅读题目要求，归纳关键信息，做听写训练。

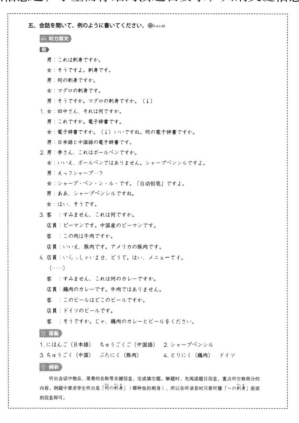

应用篇（「応用編」）

☐ 「聞いて書き入れましょう」

该部分设计了2种训练方式，设题号为"六""七"。

第六大题为图表内容听写题，学生需结合图片或图表中的已知信息进行预测，需仔细看图片或图表，填写关键信息，做听写训练。

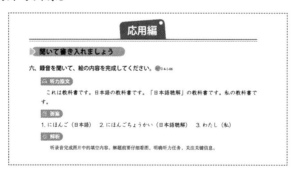

第七大题为原文听写题，学生需仔细阅读题目要求，做听写训练。该部分的短文融合了该阶段语法学习的重点及难点，在练习时学生需理解并运用这些重点语法。

第八大题的跟读题和第九大题的试说题的使用方法已经在《新经典日本语听力教程第一册：第三版》中有详细说明，故本书不再重复。

综合练习题部分的目的是检测课堂教学效果，帮助学生课后进行自测、自评。如果课堂时间充裕，教师也可以适当选取练习题讲授。该部分练习题根据每课活动1和活动2的内容设计而成，练习题的难度对标日本语能力测试（JLPT）N5～N4水平。「问题一」为看图判断题，共2道小题。要求学生在听完录音后，选择出与录音内容一致的图片。此题型对应实用日本语鉴定考试（J.TEST）的题型。「问题二」为四选一的看图选择题，共2道小题。要求学生在听录音之前要看懂四幅图的意思，再根据录音内容选择出正确的图片。「问题三」是文字判断题，共2道小题。要求学生先明确四个选项的意思，再根据录音内容选择出正确的选项。「问题四」是无图判断题，共4道小题。要求学生记录题目相关的内容，再根据听到的四个选项选择出正确的答案。「问题五」为短文填空题，要求学生根据听到的录音内容，正确填写横线部分的内容。

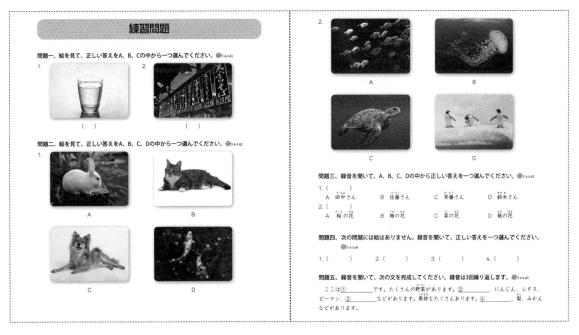

"新经典日本语" 系列教材编写委员会

编委会顾问

刘利国

编委会主任

于 飞

编委会副主任

王 猛 刘晓华

编委（以汉语拼音为序）

安 月	白春阳	邴 胜	陈 丽	杜红坡（外研社）	宫 伟	黄一峰
韩晓萍	何志勇	贺静彬	贺耀明	胡小春	李冠男	李妍妍	李 燕
刘 娜	刘晓华	刘 艳	罗米良	吕 萍	祁福鼎	时 代	宋 岩
苏君业	孙 妍	孙 昊	王 云	王 猛	王 昱	夏丽莉	肖 辉
徐二红	徐文智	颜晓冬	尹贞姬	于 飞	于永梅	赵 宏	张建伟
张 瑾	张士杰	张秀莹	张洪梅	张英春			

本册执笔分工

第1课、第2课、第8课　　　　　刘　艳

第4课、第7课、第14课　　　　　罗米良

第3课、第13课　　　　　　　　　刘晓华

第5课、第10课　　　　　　　　　王　昱

第6课、第9课　　　　　　　　　　韩晓萍

第11课、第12课　　　　　　　　　苏君业

第15课　　　　　　　　　　　　　全　体

日语审订、发音节拍练习　　　　　大工原勇人

目 录 ⊕

第1課

清音

1-1 　清音（ア行-サ行）

ウォーミングアップ

一、次の表を見ながら、録音を聞いてください。 MP3 1-1-00

あ段		い段		う段		え段		お段	
あ ア a		い イ i		う ウ u		え エ e		お オ o	
か カ ka		き キ ki		く ク ku		け ケ ke		こ コ ko	
さ サ sa		し シ shi		す ス su		せ セ se		そ ソ so	

（左：ひらがな 中：カタカナ 右：ローマ字）

二、もう一度聞いてください。聞きながら口に出して発音してください。

💡 解析

　　熱身模块可供学生在课堂学习或自学预习时作为导入使用。通过听音、跟读激活本节的语音学习环节。

聞きながら発音してみましょう

一、音の練習。録音を聞きながら発音してください。 MP3 1-1-01

🎧 听力原文

1. あ　　う　　え　　お　　い
2. き　　か　　く　　け　　こ
3. し　　せ　　さ　　そ　　す
4. カ　　オ　　ケ　　ク　　セ
5. シ　　キ　　セ　　ソ　　サ
6. ス　　コ　　ウ　　エ　　ア

💡 **解析**

　　发音练习题的主要任务是听清语音，并能正确发音。注意区分字形相近的假名。

二、単語の練習。録音を聞きながら発音してください。アクセントにも注意しながら練習してください。 MP3 1-1-02

🎧 **听力原文**

1. あい　　うえ　　あう　　いえ　　いい
2. おい　　エア　　こえ　　きく　　あおい
3. いく　　いう　　かき　　いけ　　あかい
4. あき　　かう　　えき　　かさ　　きかい
5. あさ　　いす　　しお　　せき　　アイス

💡 **解析**

　　单词发音练习题为听录音做发音练习。练习时要注意单词声调的起降。在完成听音、发音练习的基础上，学生可以尝试记忆常见单词的词义。

1. あい ①「愛」（爱）　　　　うえ ⓪「上」（上方）　　　　あう ①「会う」（见面）
　　いえ ②「家」（家）　　　　いい ①「良い」（好）

2. おい ⓪「甥」（外甥）　　　エア ①（空气）　　　　こえ ①「声」（声音）
　　きく ⓪「聞く」（听）　　　あおい ②「青い」（蓝色的）

3. いく ⓪「行く」（去）　　　いう ⓪「言う」（说）　　　かき ⓪「柿」（柿子）
　　いけ ②「池」（池塘）　　　あかい ⓪「赤い」（红色的）

4. あき ①「秋」（秋天）　　　かう ⓪「買う」（买）　　　えき ①「駅」（车站）
　　かさ ①「傘」（伞）　　　　きかい ②⓪「機会」（机会）

5. あさ ①「朝」（早上）　　　いす ⓪「椅子」（椅子）　　　しお ②「塩」（盐）
　　せき ②「咳」（咳嗽）　　　アイス ①（冰激凌）

三、拍の練習。録音を聞きながら発音してください。 MP3 1-1-03

🎧 **听力原文**

1. あおい、いえいえ、あいうえお
2. きくきく、かくかく、かきくけこ
3. すしすし、しそしそ、さしすせそ

解析

　　节拍练习题为通过跟读录音内容练习多音组合的发音，掌握发音的时长和节拍。学生可根据自身实际情况，反复做跟读训练。

▶ 聞いて選びましょう

四、録音を聞いて、録音の内容とあっている絵を選んでください。 🎧 MP3 1-1-04

🎧 听力原文

1. いえ　2. えき　3. あき　4. いす　5. アイス　6. あおい

📝 答案

1. F　2. D　3. A　4. B　5. C　6. E

解析

　　听录音选择正确的单词。注意听辨不同的发音，并通过图片记忆单词的含义。

五、録音を聞いて、例のように正しい答えを選んでください。 🎧 MP3 1-1-05

🎧 听力原文

例

男：あいですか。あうですか。	女：あいです。
1. 男：あきですか。えきですか。	女：あきです。
2. 女：いえですか。うえですか。	男：いえです。
3. 男：こえですか。こいですか。	女：こえです。
4. 女：いけですか。いくですか。	男：いくです。
5. 男：かきですか。かいですか。	女：かきです。
6. 女：いえですか。いけですか。	男：いえです。
7. 男：かうですか。こうですか。	女：かうです。
8. 女：おいですか。こいですか。	男：こいです。
9. 男：いすですか。いしですか。	女：いすです。
10. 女：あおいですか。あかいですか。	男：あおいです。

📝 答案

1. A　2. A　3. A　4. B　5. A　6. A　7. A　8. B　9. A　10. A

> **解析**

　　听录音选择正确的单词。本题要求从简短的对话中听选出正确的选项，学生可以将对话中单词是否重复出现作为判断的依据，重复出现的单词即为答案。

聞いて書きましょう

六、録音を聞いて、録音の内容をひらがなで正しく書き入れてください。そして、そのことばの意味も覚えましょう。録音は2回ずつ流します。 MP3 1-1-06

> **听力原文及答案**

1. かさ　2. こい　3. きのこ　4. あさ　5. いけ　6. おす

> **解析**

　　看图并用平假名听写录音中的单词，并结合图片掌握该单词的含义。

1. かさ ①「傘」（伞）　　　　2. こい ①「鯉」（鲤鱼）　　　　3. きのこ ①「茸」（蘑菇）

4. あさ ①「朝」（上午）　　　5. いけ ②「池」（池塘）　　　　6. おす ⓪「お酢」（醋）

七、録音を聞いて、3つの短文から同じ単語を聞き取って、書いてください。録音は2回ずつ流します。 MP3 1-1-07

> **听力原文**

1. くさをつむ	しばふのくさ	くさがしげる
2. えきであう	えきにいく	えきでまつ
3. がっこうにいく	バスでいく	ともだちといく
4. あきとふゆ	しょくよくのあき	どくしょのあき
5. しおをいれる	しょうゆとしお	しおをかう
6. ともだちとあう	しちじにあう	スーパーであう

> **答案**

1. くさ　2. えき　3. いく　4. あき　5. しお　6. あう

> **解析**

　　仔细听三个短句，从中听辨并记录同一个单词。重点听已经学过的发音。

八、録音を聞いて、聞いた音を（   ）に<u>ひらがな</u>で書き入れてください。録音は3回ずつ流します。 MP3 1-1-08

🎧 **听力原文**

1. 赤い傘　2. 青い椅子　3. おいしい寿司　4. 大きい家　5. いい声

📝 **答案**

1. かさ　2. あおい　3. すし　4. いえ　5. こえ

💡 **解析**

　　听录音，并用平假名填写短句中缺失的内容。听写时要注意并非一个空格只填写一个假名。在完成听写任务的基础上，可反复跟读本题内容。

▶ **聞きながら覚えましょう**

九、録音を聞きながら次の会話を口に出して言ってください。 MP3 1-1-09

🎧 **听力原文**

1. 女：こんにちは。	男：こんにちは。
2. 女：おはよう。	男：おはよう。
3. 女：おつかれさま。	男：おつかれさま。
4. 女：おやすみなさい。	男：おやすみ。
5. 女：さよなら。	男：さよなら。

💡 **解析**

　　要求在跟读时尽量跟上录音的节奏，注意发音和声调，并熟记对话内容。本题中的对话是日常生活中的寒暄语，建议背诵。1是白天见面时互相问候；2是朋友间早上互相问候；3是工作结束后互道辛苦；4是晚上就寝前互道晚安；5是临别时互道再见。

1. 女：你好！	男：你好！
2. 女：早上好！	男：早上好！
3. 女：辛苦了！	男：辛苦了！
4. 女：晚安！	男：晚安！
5. 女：再见！	男：再见！

1-2 清音（夕行-ワ行）

ウォーミングアップ

一、次の表を見ながら、録音を聞いてください。 MP3 1-2-00

あ段			い段			う段			え段			お段		
た	タ	ta	ち	チ	chi	つ	ツ	tsu	て	テ	te	と	ト	to
な	ナ	na	に	ニ	ni	ぬ	ヌ	nu	ね	ネ	ne	の	ノ	no
は	ハ	ha	ひ	ヒ	hi	ふ	フ	fu	へ	ヘ	he	ほ	ホ	ho
ま	マ	ma	み	ミ	mi	む	ム	mu	め	メ	me	も	モ	mo
や	ヤ	ya				ゆ	ユ	yu				よ	ヨ	yo
ら	ラ	ra	り	リ	ri	る	ル	ru	れ	レ	re	ろ	ロ	ro
わ	ワ	wa										を	ヲ	o

（左：ひらがな　中：カタカナ　右：ローマ字）

二、もう一度聞いてください。聞きながら口に出して発音してください。

💡 **解析**

　　热身模块可供学生在课堂学习或自学预习时作为导入使用。通过听音、跟读激活本节的语音学习环节。

▶ 聞きながら発音してみましょう

一、音の練習。録音を聞きながら発音してください。 MP3 1-2-01

🎧 **听力原文**

1. ち　　た　　つ　　と　　て
2. ね　　に　　な　　の　　ぬ
3. は　　ひ　　へ　　ほ　　ふ
4. も　　み　　め　　ま　　む
5. や　　え　　よ　　い　　ゆ
6. り　　る　　ろ　　ら　　れ
7. を　　う　　わ　　い　　え

解析

　　发音练习题的主要任务是听清语音，并能正确发音。注意区分字形相近的假名。

二、単語の練習。録音を聞きながら発音してください。アクセントにも注意しながら練習してください。 MP3 1-2-02

听力原文

1. うた　　　　とし　　　　あいて　　　　いぬ　　　　ねこ　　　　いちにち
2. へた　　　　ほし　　　　さいふ　　　　あめ　　　　みせ　　　　なまえ
3. ゆき　　　　やおや　　　やさい　　　　とり　　　　ろく　　　　さくら
4. かわ　　　　わたし　　　かわいい　　　さかな　　　にもつ　　　にわ
5. ミルク　　　アニメ　　　トイレ　　　　ホテル　　　テキスト　　アメリカ
6. ロシア　　　テニス　　　シルク　　　　ソフト　　　カラオケ　　アフリカ

解析

　　单词发音练习题为听录音做发音练习。练习时要注意单词声调的起降。在完成听音、发音练习的基础上，学生可以尝试记忆常见单词的词义。

1. うた②「歌」（歌曲）　　　　　　とし②「年」（年）　　　　　　　あいて③「相手」（对方）
   いぬ②「犬」（狗）　　　　　　　ねこ①「猫」（猫）　　　　　　　いちにち④「一日」（一天）

2. へた②「下手」（不擅长）　　　　ほし⓪「星」（星星）　　　　　　さいふ⓪「財布」（钱包）
   あめ①「雨」（雨）　　　　　　　みせ②「店」（店）　　　　　　　なまえ⓪「名前」（名字）

3. ゆき②「雪」（雪）　　　　　　　やおや⓪「八百屋」（蔬菜水果店）
   やさい⓪「野菜」（蔬菜）　　　　とり⓪「鳥」（鸟）　　　　　　　ろく②「六」（六）
   さくら⓪「桜」（樱花）

4. かわ②「川」（河流）　　　　　　わたし⓪「私」（我）　　　　　　かわいい③「可愛い」（可爱）
   さかな⓪「魚」（鱼）　　　　　　にもつ①「荷物」（行李）
   にわ⓪「庭」（庭园）

5. ミルク①（牛奶）　　　　　　　　アニメ①⓪（动漫）　　　　　　　トイレ①（卫生间）
   ホテル①（酒店）　　　　　　　　テキスト①②（课本）　　　　　　アメリカ⓪（美国）

6. ロシア①（俄罗斯）　　　　　　　テニス①（网球）　　　　　　　　シルク①（丝绸）
   ソフト①（柔软）　　　　　　　　カラオケ⓪（卡拉OK）　　　　　　アフリカ⓪（非洲）

三、拍の練習。録音を聞きながら発音してください。 🎧 MP3 1-2-03

🎧 听力原文

1. つちっち、たつたつ、たちってと
2. あのね、なになに、なにぬねの
3. はは、へへ、ほほほ、はひふへほ
4. ママも、もみもみ、まみむめも
5. やまのゆうやけ、やいゆえよ
6. れろれろ、るりるり、らりるれろ
7. おいわい、いわおう、わいうえお

💡 解析

　　节拍练习题为通过跟读录音内容练习多音组合的发音，掌握发音的时长和节拍。学生可根据自身实际情况，反复做跟读训练。

聞いて選びましょう

四、録音を聞いて、録音の内容とあっている絵を選んでください。 🎧 MP3 1-2-04

🎧 听力原文

1. さくら　2. なまえ　3. あめ　4. ミルク　5. アニメ　6. ホテル

✍ 答案

1. D　2. A　3. C　4. B　5. F　6. E

💡 解析

　　听录音选择正确的单词。注意听辨不同的发音，并通过图片记忆单词的含义。

五、録音を聞いて、例のように正しい答えを選んでください。 🎧 MP3 1-2-05

🎧 听力原文

📋 例

　　男：あいですか。あうですか。　　　　女：あいです。

1. 男：かれですか。かねですか。　　　　女：かねです。
2. 女：うすいですか。うついですか。　　男：うすいです。
3. 男：にくですか。いくですか。　　　　女：にくです。

4. 女：しちですか。いちですか。　　　　男：いちです。

5. 男：はなみですか。はさみですか。　　　女：はさみです。

6. 女：やさいですか。やさしいですか。　　男：やさいです。

7. 男：ひなですか。しなですか。　　　　　女：しなです。

8. 女：ミルクですか。シルクですか。　　　男：シルクです。

9. 男：こわいですか。かわいいですか。　　女：かわいいです。

10. 女：アニメですか。テニスですか。　　　男：アニメです。

答案

1. B　2. A　3. A　4. B　5. B　6. A　7. B　8. B　9. B　10. A

解析

　　听录音选择正确的单词。本题要求从简短的对话中听选出正确的选项。录音一问一答中重复出现的单词即为答案。具体方法与【1-1】第五大题相同。

聞いて書きましょう

六、録音を聞いて、録音の内容を正しく書き入れてください。1～3はひらがなで、4～6はカタカナで書いてください。そして、そのことばの意味も覚えましょう。録音は2回ずつ流します。MP3 1-2-06

听力原文及答案

1. いぬ　2. ほし　3. おふろ　4. テニス　5. トイレ　6. タオル

解析

　　看图并用平假名或片假名听写录音中的单词，并结合图片掌握该单词的含义。

1. いぬ ②「犬」（狗）　　2. ほし ⓪「星」（星星）　　3. おふろ ②「お風呂」（浴盆）

4. テニス ①（网球）　　5. トイレ ①（卫生间）　　6. タオル ①（毛巾）

七、録音を聞いて、3つの短文から同じ単語を聞き取って、書いてください。録音は2回ずつ流します。MP3 1-2-07

听力原文

1. あついあい　　　　あついてんき　　　あついへや

2. しろいねこ　　　　ねこといぬ　　　　かわいいねこ

3. にわであそぶ　　　うちのにわ　　　　にわがある

4. やさいをたべる　　　やさいとにく　　　やさいりょうり
5. むかしのいえ　　　　いまとむかし　　　むかしのはなし
6. ちいさいとり　　　　ちいさいいえ　　　ちいさいいぬ

答案

1. あつい　2. ねこ　3. にわ　4. やさい　5. むかし　6. ちいさい

解析

仔细听三个短句，从中听辨并记录同一个单词。重点听已经学过的发音。

八、録音を聞いて、聞いた音を（　　　　　　　）にひらがなで書き入れてください。録音は3回ずつ流します。 MP3 1-2-08

听力原文

1. うちの　庭には　二羽　鶏が　いる。
2. 古栗の　木の　古切り口
3. 瓜売りが　瓜売りに　来て　瓜売り帰る　瓜売りの声
4. 服作る夫婦　靴作る夫婦
5. お綾や　母親に　お謝り、お綾や　八百屋に　お謝り
6. 懐かしく　美しい歌を　美しく歌う。
7. あの　女の　縫う布の名は　何？あの　布は　名のない布なの。

答案

1. にわ　にわ　2. くり　きり　3. かえる　　4. ふく　くつ
5. おや　やおや　6. かしく　うた　7. ぬう　なに

解析

听录音，并用平假名填写语句中缺失的内容。听写时要注意并非一个空格只填写一个假名。在完成听写任务的基础上，可反复跟读本题内容。

▶ **聞きながら覚えましょう**

九、録音を聞きながら次の会話を口に出して言ってください。 MP3 1-2-09

听力原文

1. 女：行く？　　　　男：行く。
2. 女：え～、どれ？これ？　　男：うん。それ。

3. 女：はい？　　　　　　　　男：はい。

4. 女：いい？　　　　　　　　男：いいよ。

5. 女：ここ？　　　　　　　　男：うん。そこ。

解析

　　要求在跟读时尽量跟上录音的节奏，注意发音和声调，并熟记对话内容。尤其要注意语调，掌握日语疑问句和判断句的语调特征。

1. 女：你去吗？　　　　　　　男：去。

2. 女：哎！是哪个？这个？　　男：嗯，那个。

3. 女：是吗？　　　　　　　　男：是的。

4. 女：行吗？　　　　　　　　男：行。

5. 女：这儿？　　　　　　　　男：嗯，那儿。

濁音・半濁音・特殊音節

2-1 濁音・半濁音・撥音・促音・長音

ウォーミングアップ

一、次の表を見ながら、録音を聞いてください。 MP3 2-1-00(1)

あ段	い段	う段	え段	お段
か カ ka	き キ ki	く ク ku	け ケ ke	こ コ ko
が ガ ga	ぎ ギ gi	ぐ グ gu	げ ゲ ge	ご ゴ go
さ サ sa	し シ shi	す ス su	せ セ se	そ ソ so
ざ ザ za	じ ジ ji	ず ズ zu	ぜ ゼ ze	ぞ ゾ zo
た タ ta	ち チ chi	つ ツ tsu	て テ te	と ト to
だ ダ da	ぢ ヂ ji	づ ヅ zu	で デ de	ど ド do
は ハ ha	ひ ヒ hi	ふ フ fu	へ ヘ he	ほ ホ ho
ば バ ba	び ビ bi	ぶ ブ bu	べ ベ be	ぼ ボ bo
ぱ パ pa	ぴ ピ pi	ぷ プ pu	ぺ ペ pe	ぽ ポ po

（左：ひらがな　中：カタカナ　右：ローマ字）

二、録音を聞きながら、撥音に注意して、発音してください。 MP3 2-1-00(2)

アクセント　　　おんせん　　　てんき　　　センス　　　しんぱい　　　さんぽ

三、録音を聞きながら、促音に注意して、発音してください。 MP3 2-1-00(3)

いち―いっち　　　　　　　　さか―さっか

かこ―かっこ　　　　　　　　いけん―いっけん

にし―にっし　　　　　　　　じすう―じっすう

しき—しっき　　　　　　　　　　いく—いっくう

いせき—いっせき　　　　　　　　かさい—かっさい

四、録音を聞きながら、長音に注意して、発音してください。 MP3 2-1-00(4)

かさん—おかあさん　　　　　　　おばさん—おばあさん

おじさん—おじいさん　　　　　　にさん—おにいさん

よじ—ようじ　　　　　　　　　　かく—かくう

せかい—せいかい　　　　　　　　とけい—とうけい

とり—とおり　　　　　　　　　　そこ—そうこ

💡 **解析**

　　熱身模块可供学生在课堂学习或自学预习时作为导入使用。通过听音、跟读激活本节的语音学习环节。

▶ 聞きながら発音してみましょう

一、音の練習。録音を聞きながら発音してください。 MP3 2-1-01

🎧 **听力原文**

1.	か	が	さ	ざ	た	だ	は	ば	ぱ
2.	し	じ	ち	ぢ	す	ず	つ	づ	
3.	ひ	び	ぴ	ふ	ぶ	ぷ	ほ	ぼ	ぽ
4.	け	げ	せ	ぜ	て	で	へ	べ	ぺ
5.	こ	ご	そ	ぞ	と	ど	き	ぎ	ぐ

💡 **解析**

　　发音练习题的主要任务是听清语音，并能正确发音。注意清音、浊音、半浊音的发音区别。

二、単語の練習。録音を聞きながら発音してください。アクセントにも注意しながら練習してください。 MP3 2-1-02

🎧 **听力原文**

1.	かぜ	ぼく	ぶんか	さんぽ	でんわ
2.	せんぱい	えんぴつ	だいがく	にほんご	でんき
3.	ごみ	ともだち	かんごし	けしゴム	すいぞくかん
4.	おかあさん	おとうさん	おばあさん	おじいさん	おにいさん

5. ノート　　　　ベッド　　　　コップ　　　　ボーナス　　　　ダイエット

6. レジ　　　　ピアノ　　　　ドライブ　　　　サインペン　　　　パソコン

💡 **解析**

　　单词发音练习题为听录音做发音练习。练习时要注意单词声调的起降。在完成听音、发音练习的基础上，学生可以尝试记忆常见单词的词义。

1. かぜ ⓪「風」（风）；「風邪」（感冒）　　　ぼく ①「僕」（我，男性自称）

　　ぶんか ①「文化」（文化）　　　　　　　　さんぽ ⓪「散歩」（散步）

　　でんわ ⓪「電話」（电话）

2. せんぱい ⓪「先輩」（前辈）　　　　　　　えんぴつ ⓪「鉛筆」（铅笔）

　　だいがく ⓪「大学」（大学）　　　　　　　にほんご ⓪「日本語」（日语）

　　でんき ①「電気」（电；电灯）

3. ごみ ②（垃圾）　　　　　　　　　　　　ともだち ⓪「友達」（朋友）

　　かんごし ③「看護師」（护士）　　　　　　けしゴム ⓪「消しゴム」（橡皮）

　　すいぞくかん ③④「水族館」（海洋馆）

4. おかあさん ②「お母さん」（母亲）　　　　おとうさん ②「お父さん」（父亲）

　　おばあさん ②「お祖母さん」（奶奶；外婆）　おじいさん ②「お祖父さん」（爷爷；外公）

　　おにいさん ②「お兄さん」（哥哥）

5. ノート ①（笔记本）　　　　ベッド ①（床）　　　　コップ ⓪（杯子）

　　ボーナス ①（奖金）　　　　ダイエット ①（减肥）

6. レジ ①（收银台）　　　　ピアノ ⓪（钢琴）　　　　ドライブ ②（开车兜风）

　　サインペン ②（签字笔）　　　　パソコン ⓪（电脑）

三、拍の練習。録音を聞きながら発音してください。 🎧 MP3 2-1-03

🎧 **听力原文**

1. かえるが、げごげご、がぎぐげご

2. あめが、ざあざあ、ざじずぜぞ

3. どこかで、だれかが、だぢづでど

4. ボビー、とべとべ、ばびぶべぼ

5. ぷかぷか、パイプ、ぱぴぷぺぽ

6. ワッショイ、ワッショイ、お祭りだ。踊って歌って、大騒ぎ。

7. このシートの切手を切って、そこの小包の上に貼ってください。

🔆 **解析**

　　节拍练习题为通过跟读录音内容练习多音组合的发音，掌握发音的时长和节拍。学生可根据自身实际情况，反复做跟读训练。

▶ 聞いて選びましょう

四、録音を聞いて、録音の内容とあっている絵を選んでください。 MP3 2-1-04

🎧 **听力原文**

1. ちず　2. こども　3. にっき　4. アルバイト　5. ボールペン　6. コーヒー

✍ **答案**

1. A　2. C　3. B　4. F　5. D　6. E

🔆 **解析**

　　听录音选择正确的单词。注意听辨不同的发音，并通过图片记忆单词的含义。

五、録音を聞いて、例のように正しい答えを選んでください。 MP3 2-1-05

🎧 **听力原文**

📝 **例**

　　男：あいですか。あうですか。　　　　女：あいです。

1. 男：すじですか。すしですか。　　　　女：すしです。

2. 女：かいかですか。がいかですか。　　男：がいかです。

3. 男：きねんですか。ぎねんですか。　　女：きねんです。

4. 女：かたいですか。かだいですか。　　男：かだいです。

5. 男：パラパラですか。バラバラですか。　女：パラパラです。

6. 女：かっきですか。がっきですか。　　男：がっきです。

7. 男：にいさんですか。にさんですか。　女：にいさんです。

8. 女：いっしゅですか。いっしゅうですか。男：いっしゅうです。

9. 男：いちですか。いっちですか。　　　女：いちです。

10. 女：にっしすか。にしですか。　　　　男：にしです。

✍ **答案**

1. B　2. B　3. A　4. B　5. A　6. B　7. A　8. B　9. A　10. A

> **解析**

　　听录音选择正确的单词。本题要求从简短的对话中听选出正确的选项。录音一问一答中重复出现的单词即为答案。具体方法与【1–1】第五大题相同。

聞いて書きましょう

六、録音を聞いて、録音の内容を正しく書き入れてください。1~3は<u>ひらがな</u>で、4~6は<u>カタカナ</u>で書いてください。そして、そのことばの意味も覚えましょう。録音は2回ずつ流します。 ⓂP3 2-1-06

> **听力原文及答案**

1. とけい　2. がいこくご　3. かぜ　4. ポスト　5. ガイドブック　6. スカート

> **解析**

　　看图并用平假名或片假名听写录音中的单词，并结合图片掌握该单词的含义。

1. とけい ⓪「時計」（钟表）　　　　　2. がいこくご ⓪「外国語」（外语）

3. かぜ ⓪「風邪」（感冒）　　　　　　4. ポスト ①（邮筒）

5. ガイドブック ④（旅行指南）　　　　6. スカート ②（裙子）

七、録音を聞いて、3つの短文から<u>同じ単語</u>を聞き取って、書いてください。録音は2回ずつ流します。 ⓂP3 2-1-07

> **听力原文**

1. きっさてんでアルバイト　　アルバイトをする　　　　アルバイトでせいかつする

2. ことばをならう　　　　　　ことばでつたえる　　　　きれいなことば

3. おねえさんにあう　　　　　おねえさんとあそぶ　　　おねえさんになる

4. にほんごをならう　　　　　にほんごのうた　　　　　にほんごでうたう

5. たまごをいれる　　　　　　たまごとミルク　　　　　たまごをたべる

6. そうだんにのる　　　　　　せんせいとそうだんする　しんろをそうだんする

> **答案**

1. アルバイト　2. ことば　3. おねえさん　4. にほんご　5. たまご　6. そうだん

> **解析**

　　仔细听三个短句，从中听辨并记录同一个单词。重点听已经学过的发音。

八、録音を聞いて、聞いた音を（　　　　　　　　）にひらがなで書き入れてください。録音は3回ずつ流します。 MP3 2-1-08

🎧 **听力原文**

1. 子犬 くんくん 花を 嗅ぐ、子猫 ごろごろ喉鳴らす。
2. 「価格」 「科学」 「雅楽」の 発音は よく似ている。
3. この月の 月は、美しい月、つくづく月を 見る。
4. 弟が 東京大学に 合格したので、おじいさんも おばあさんも 大喜びでした。
5. 昔の 日本の 子どもの 名前と言えば、太郎、次郎、三郎、そのあと、四郎、五郎とずっと続いた ものだが、今は 子どもが 少ないので、せいぜい 三郎どまりだ。
6. 彼は むくっと立ち上がって、私を ちらっと見て、ちょっと笑って、黙って 出て行ってしまった。
7. 田中さんの 実家は 北海道なので、めったに 帰れない。田中さんは 来週、出張の ついでに よって来ようと 言っている。

✒ **答案**

1. かぐ のど　2. かがく　3. つくづく　4. とうきょう　おばあさん

5. たろう　ごろう　せいぜい　6. ちらっと　わらって　いって

7. じっか　らいしゅう　いっている

💡 **解析**

　　听录音，并用平假名填写语句中缺失的内容。听写时要注意并非一个空格只填写一个假名。在完成听写任务的基础上，可反复跟读本题内容。

▶ **聞きながら覚えましょう**

九、録音を聞きながら次の会話を口に出して言ってください。 MP3 2-1-09

🎧 **听力原文**

1. 女：ありがとう。　　　　　　　　　男：いいえ。
2. 女：どうもありがとうございます。　男：いいえ、どういたしまして。
3. 女：お元気ですか。　　　　　　　　男：はい、元気です。
4. 女：ただいまー。　　　　　　　　　男：おかえりー。
5. 女：先生、おはようございます。　　男：おはよう。

💡 **解析**

　　要求在跟读时尽量跟上录音的节奏，注意发音和声调，并熟记对话内容。本题中的对话是日常生活中的

寒暄语，建议背诵。1是朋友间道谢；2是特别有礼貌的道谢；3是朋友间久别重逢时的问候；4是回到家时家人间的问候；5是师生间互道早安。

1. 女：谢谢!　　　　　　　　　　　　男：不客气。

2. 女：谢谢您!　　　　　　　　　　　男：不客气。

3. 女：你好吗?　　　　　　　　　　　男：挺好的。

4. 女：我回来了!　　　　　　　　　　男：回来了啊。

5. 女：老师，早上好!　　　　　　　　男：早!

2-2 拗音・外来語特殊音節

ウォーミングアップ

一、次の表を見ながら、録音を聞いて、拗音を発音してみてください。 (MP3 2-2-00(1)

あ段			う段			お段		
きゃ	キャ	kya	きゅ	キュ	kyu	きょ	キョ	kyo
ぎゃ	ギャ	gya	ぎゅ	ジュ	gyu	ぎょ	ギョ	gyo
しゃ	シャ	sha	しゅ	シュ	shu	しょ	ショ	sho
じゃ	ジャ	ja	じゅ	ジュ	ju	じょ	ジョ	jo
ちゃ	チャ	cha	ちゅ	チュ	chu	ちょ	チョ	cho
ぢゃ	ヂャ	ja	ぢゅ	ヂュ	ju	ぢょ	ヂョ	jo
にゃ	ニャ	nya	にゅ	ニュ	nyu	にょ	ニョ	nyo
ひゃ	ヒャ	hya	ひゅ	ヒュ	hyu	ひょ	ヒョ	hyo
びゃ	ビャ	bya	びゅ	ビュ	byu	びょ	ビョ	byo
ぴゃ	ピャ	pya	ぴゅ	ピュ	pyu	ぴょ	ピョ	pyo
みゃ	ミャ	mya	みゅ	ミュ	myu	みょ	ミョ	myo
りゃ	リャ	rya	りゅ	リュ	ryu	りょ	リョ	ryo

（左：ひらがな　中：カタカナ　右：ローマ字）

二、次の表を見ながら、録音を聞いて、外来語の特殊音節を発音してみてください。 (MP3 2-2-00(2)

あ段		い段		う段		え段		お段	
		ウィ	wi			ウェ	we	ウォ	wo
クァ	kwa	クィ	kwi			クェ	kwe	クォ	kwo
						シェ	she		
						チェ	che		
ツァ	tsa	ツィ	tsi			ツェ	tse	ツォ	tso
		ティ	ti						
				トゥ	tu				
ファ	fa	フィ	fi			フェ	fe	フォ	fo
グァ	gwa	グィ	gwi			グェ	gwe	グォ	gwo
						ジェ	je		
		ディ	di	デュ	dyu				
				ドゥ	du				
ヴァ	va	ヴィ	vi	ヴ	vu	ヴェ	ve	ヴォ	vo

（左：カタカナ　右：ローマ字）

解析

热身模块可供学生在课堂学习或自学预习时作为导入使用。通过听音、跟读激活本节的语音学习环节。

聞きながら発音してみましょう

一、音の練習。録音を聞きながら発音してください。 MP3 2-2-01

听力原文

1. きょ　　ぎょ　　きゅ　　ぎゅ　　きゃ　　ぎゃ
2. しょ　　じょ　　しゅ　　じゅ　　しゃ　　じゃ
3. ちょ　　ぢょ　　ちゅ　　ぢゅ　　ちゃ　　ぢゃ
4. にょ　　にゅ　　にゃ　　みょ　　みゅ　　みゃ
5. ひょ　　びょ　　ぴょ　　ひゅ　　びゅ　　ぴゅ
6. ひゃ　　びゃ　　ぴゃ　　りょ　　りゅ　　りゃ

解析

发音练习题的主要任务是听清语音，并能正确发音。注意拗音中清音、浊音的发音区别。

二、単語の練習。録音を聞きながら発音してください。アクセントにも注意しながら練習してください。 MP3 2-2-02

听力原文

1. きょしつ　　　きょうしつ　　　しゅみ　　　　しゅうみ
2. どくしょ　　　どくしょう　　　しょかい　　　しょうかい
3. じしょ　　　　じしょう　　　　りょこう　　　りょうこう
4. しゅだん　　　しゅうだん　　　しゅせい　　　しゅうせい　　　しゅっせい
5. せんしゅ　　　せんしゅう　　　しゅしん　　　しゅっしん　　　しゅうしん
6. しゅちょ　　　しゅちょう　　　しゅっちょう　しゅうちょう
7. シャツ　　　　メニュー　　　　ニュース　　　チャンス　　　　パーティー
8. カフェ　　　　フェリー　　　　ファイル　　　フラッシュ　　　ボランティア

解析

单词发音练习题为听录音做发音练习。练习时要注意单词声调的起降。在完成听音、发音练习的基础上，学生可以尝试记忆常见单词的词义。

1. きょしつ ⓪「居室」（起居室）　　きょうしつ ⓪「教室」（教室）
   しゅみ ①「趣味」（兴趣）　　　　しゅうみ ⓪「臭味」（臭味）

2. どくしょ ①「読書」（读书）　　　どくしょう ⓪「独唱」（独唱）
   しょかい ⓪「初回」（初次）　　　しょうかい ⓪「紹介」（介绍）

3. じしょ ①「辞書」（词典）　　　　じしょう ⓪「自称」（自称）
   りょこう ⓪「旅行」（旅行）　　　りょうこう ⓪「良好」（良好）

4. しゅだん ①「手段」（手段）　　　しゅうだん ⓪「集団」（集体）
   しゅせい ⓪「酒精」（酒精）　　　しゅうせい ⓪「修正」（修改）
   しゅっせい ⓪「出生」（出生）

5. せんしゅ ①「選手」（选手）　　　せんしゅう ⓪「先週」（上周）
   しゅしん ⓪「主審」（主裁判）　　しゅっしん ⓪「出身」（出生地）
   しゅうしん ⓪①「終身」（终身）

6. しゅちょ ①②「主著」（主要著作）　しゅちょう ⓪「主張」（主张）
   しゅっちょう ⓪「出張」（出差）　　しゅうちょう ①「首長」（酋长）

7. シャツ ①（衬衫）　　　メニュー ①（菜单）　　　ニュース ①（新闻）
   チャンス ①（机会）　　パーティー ①（派对）

8. カフェ ①（咖啡店）　　フェリー ①（渡轮）　　　ファイル ①（文件夹）
   フラッシュ ②（闪光灯）　ボランティア ②（志愿者）

三、拍の練習。録音を聞きながら発音してください。 MP3 2-2-03

🎧 听力原文

1. きゅうに、きゃあきゃあ、きゃきゃきゅきゅきょ
2. ぎょぎょぎょ、ぎゃあぎゃあ、ぎゃぎゃぎゅぎゅぎょ
3. かしゃかしゃ、シャッター、しゃしゃしゅしゅしょ
4. じょうろで、じょろじょろ、じゃじゃじゅじゅじょ
5. ちゅうごく、ちゃちゃちゃ、ちゃちゃちゅちゅちょ
6. こねこ、にゃあにゃあ、にゃにゃにゅにゅにょ
7. かぜが、ひゅうひゅう、ひゃひゃひゅひゅひょ
8. せいあん、びゃんびゃん、びゃびゃびゅびゅびょ
9. かえる、ぴょんぴょん、ぴゃぴゃぴゅぴゅぴょ
10. こねこ、みゃあみゃあ、みゃみゃみゅみゅみょ
11. きんこつ、りゅうりゅう、りゃりゃりゅりゅりょ

💡 **解析**

　　节拍练习题为通过跟读录音内容练习多音组合的发音，掌握发音的时长和节拍。学生可根据自身实际情况，反复做跟读训练。

▶ 聞いて選びましょう

四、録音を聞いて、録音の内容とあっている絵を選んでください。 🎵 MP3 2-2-04

　　1. きょうしつ　2. しゃしん　3. としょかん　4. メニュー　5. シャワー　6. ファッション

📝 **答案**

　　1. B　2. F　3. E　4. A　5. D　6. C

💡 **解析**

　　听录音选择正确的单词。注意听辨不同的发音，并通过图片记忆单词的含义。

五、録音を聞いて、例のように正しい答えを選んでください。 🎵 MP3 2-2-05

🎧 **听力原文**

例

　　男：あいですか。あうですか。　　　　　　　女：あいです。
　　1. 男：きょかですか。きょうかですか。　　　女：きょかです。
　　2. 女：きょしつですか。きょうしつですか。　男：きょうしつです。
　　3. 男：しゅっせいですか。しゅうせいですか。　女：しゅうせいです。
　　4. 女：しょかいですか。しょうかいですか。　男：しょうかいです。
　　5. 男：しゅちょうですか。しゅっちょうですか。女：しゅちょうです。
　　6. 女：さっかですか。サッカーですか。　　　男：サッカーです。
　　7. 男：びよういんですか。びょういんですか。女：びょういんです。
　　8. 女：ちきゅうですか。ちちゅうですか。　　男：ちきゅうです。
　　9. 男：ひやくですか。ひゃくですか。　　　　女：ひゃくです。
　　10. 女：かんじゃですか。かんしゃですか。　　男：かんしゃです。

📝 **答案**

　　1. A　2. B　3. B　4. B　5. A　6. B　7. B　8. A　9. B　10. B

💡 **解析**

　　听录音选择正确的单词。本题要求从简短的对话中听选出正确的选项。录音一问一答中重复出现的单词即为答案。具体方法与【1-1】第五大题相同。

聞いて書きましょう

六、録音を聞いて、録音の内容を正しく書き入れてください。1～3はひらがなで、4～6はカタカナで書いてください。そして、そのことばの意味も覚えましょう。録音は2回ずつ流します。🎧 MP3 2-2-06

🎧✍ 听力原文及答案

1. どくしょ　2. ぎゅうにく　3. にんぎょう　4. カフェ　5. ファイル　6. ボランティア

💡 解析

看图并用平假名或片假名听写录音中的单词，并结合图片掌握该单词的含义。

1. どくしょ ①「読書」（读书）
2. ぎゅうにく ⓪「牛肉」（牛肉）
3. にんぎょう ⓪「人形」（人偶）
4. カフェ ①（咖啡店）
5. ファイル ①（文件夹）
6. ボランティア ②（志愿者）

七、録音を聞いて、3つの短文から同じ単語を聞き取って、書いてください。録音は2回ずつ流します。🎧 MP3 2-2-07

🎧 听力原文

1. ぎゅうにゅうをのむ　　パンとぎゅうにゅう　　ぎゅうにゅうでつくる
2. としょかんであう　　としょかんへいく　　としょかんにちかい
3. びょうきになる　　びょうきがなおる　　びょうきでやすむ
4. ニュースをみる　　ニュースをきく　　ラジオニュース
5. フェリーにのる　　フェリーでわたる　　フェリーがおそい
6. チャンネルをかえる　　ニュースのチャンネル　　チャンネルにとうろくする

✍ 答案

1. ぎゅうにゅう　2. としょかん　3. びょうき　4. ニュース　5. フェリー　6. チャンネル

💡 解析

仔细听三个短句，从中听辨并记录同一个单词。重点听已经学过的发音。

八、録音を聞いて、聞いた音を（　　　　　）にひらがなで書き入れてください。録音は3回ずつ流します。🎧 MP3 2-2-08

🎧 听力原文

1. デビュー作を　発表した　彼女は　人気のある　歌手になった。
2. 良好な　関係を　持つ二人は、世界中を　旅行する。

3. この　教室で　授業する　許可を　もらう。

4. 良一は　漁村の　漁港で　漁を　する。

5. 佐藤さんが　斉藤さんを　誘って　中国語を　学ぶ。

6. 新入社員は　入社後、会社の　研修所で　一週間、合宿しながら　研修を　受ける。

7. 日本の　緑茶は　茶という名　とともに、中国から　伝来したのですが、今は　日本では　中国の　お茶は　中国茶、日本の　緑茶は　ただ　お茶と　呼ばれています。

✍ 答案

1. はっぴょう　かしゅ　　　　2. りょうこう　りょこう

3. きょうしつ　きょか　　　　4. りょういち　ぎょこう

5. さとう　ちゅうごくご　　　6. にゅうしゃご　いっしゅうかん

7. りょくちゃ　ちゅうごく　　ちゅうごく　りょくちゃ

💡 解析

　　听录音，并用平假名填写句子中缺失的内容。听写时要注意并非一个空格只填写一个假名。在完成听写任务的基础上，可反复跟读本题内容。

▶ 聞きながら覚えましょう

九、録音を聞きながら次の会話を口に出して言ってください。 MP3 2-2-09

🎧 听力原文

1. 女：いってきます。

　　男：いってらっしゃい。

2. 女：はじめまして、よろしくおねがいします。

　　男：こちらこそ、よろしくおねがいします。

3. 女：たくさん食べてくださいね。

　　男：はい、いただきます。

4. 女：ごちそうさまでした。とってもおいしかったです。

　　男：いいえ、どういたしまして。

5. 女：お出かけですか。

　　男：ええ、ちょっとそこまで。

🔆 **解析**

　　要求在跟读时尽量跟上录音的节奏，注意发音和声调，并熟记对话内容。本题中的对话是日常生活中的寒暄语，建议背诵。1是出门时家人间的对话；2是初次见面时的对话；3是招待朋友时的主客对话；4是饭后客人与主人的对话；5是出门时邻里之间的对话。

1. 女：我出门了。　　　　　　　　　　　　男：路上小心。

2. 女：初次见面，请多关照。　　　　　　　男：彼此彼此，请多关照。

3. 女：多吃点。　　　　　　　　　　　　　男：那我就不客气了。

4. 女：谢谢款待。太好吃了。　　　　　　　男：您客气了。

5. 女：您要出门啊？　　　　　　　　　　　男：嗯，出去一趟。

自己紹介

3-1 私は学生です

聞く前に

まず自分で確認しましょう。録音を聞いて質問に答えてみてください。 MP3 3-1-00

答案范例

1. はい、大学生です。今、一年生です。
2. 先生は中国人です。
3. 好きな仕事は看護師です。他に、エンジニア、弁護士などの仕事があります。

基礎編

聞いて選びましょう

一、録音を聞いて、その内容と合っているものに○を、違うものに×をつけてください。

MP3 3-1-01

听力原文

1. 女：私は学生です。
2. 男：私は医者です。
3. 女：私はガイドです。
4. 男：私は運転手です。
5. 女：私は看護師です。
6. 男：私は野球選手です。

答案

1. ○ 2. ○ 3. × 4. ○ 5. ○ 6. ○

解析

　　判断录音内容与图片表达内容是否一致。主要练习听与职业、身份相关的信息。

- 第3题图片所示内容的正确说法是「私 は 教 師 です」。图中人物拿着书站在黑板前做讲解，可以推测其职业为「教 師」（教师），录音内容却是「ガイド」（导游），文图不一致。

二、会話を聞いて、その内容と合っている絵を選んでください。 MP3 3-1-02

听力原文

1. 男：田中さんは先生ですか。

　　女：はい、先生です。

2. 男：佐藤さんは医者ですか。

　　女：いいえ、銀行員です。

3. 女：小野さんは公務員ですか。サラリーマンですか。

　　男：公務員です。警察官です。

4. 女：山田さんは学生ですか。

　　男：いいえ、学生ではありません。会社員です。

答案

1. A 2. A 3. A 4. A

解析

　　根据录音内容选择相应的图片。解题方法是先判断A与B的区别，然后听录音进行辨别。重点听辨图片所涉及的职业或身份信息。

- 第1题中，男生询问对方的职业是否为教师。A为上课的「教 師」（教师），而B为做饭的「主婦」（家庭主妇）。

- 第2题中，要注意答句中表示否定的说法，由此可以判断B「医者」（医生）选项是错误的。

- 第3题中，A是「警察官」（警察）。日语中，表述警察这一职业时，经常说「警察官」一词，「警察」大多用来表示警察机构或部门。在日本，警察等公职人员都属于公务员。日本有国家公务员和地方公务员。

三、名前は何ですか。録音を聞いて、その内容と合っているものを選んでください。 MP3 3-1-03

听力原文

1. 女：初めまして、リーです。

　　男：リンさんですね。

　　女：いいえ、リーです。

2. 男：初めまして、ごとうです。どうぞよろしく。

　　女：こどうさんですか。こちらこそ、どうぞよろしく。

　　男：いいえ、ごとうです。

3. 男：失礼ですが、お名前は？

　　女：鈴木です。

　　男：鈴木さんですね。

　　女：はい、そうです。

4. 男：初めまして、佐藤です。どうぞよろしく。

　　女：斉藤さんですか。どうぞよろしくお願いします。

　　男：いいえ、佐藤です。

　　女：ああ、佐藤さんですか。失礼しました。

5. 男：宋さんですね。

　　女：いいえ、孫です。

　　男：ああ、孫さんですか。

答案

1. A　2. A　3. B　4. A　5. A

解析

　　判断录音内容与文字信息是否对应。本题主要考查对长音、促音、拨音等特殊音节的辨析。常见的日本人的姓氏有「後藤」「佐藤」「斉藤」「加藤」，另外还有「小林」「鈴木」「小野」「山本」「山田」「林」等。中国人的人名在日语中经常使用音读发音，而日本人人名中的汉字多用训读发音，如汉字"林"用于中国人名一般发音为「りん」，用于日本人名时，则一般发音为「はやし」。

▶ 聞いて書き入れましょう

四、次はパーティーでの自己紹介についての内容です。録音を聞いて、例のように書いてください。 MP3 3-1-04

听力原文

例

　　女：初めまして、李明秋です。中国の上海から来ました。東京大学の留学生です。専攻は日本文学です。どうぞよろしくお願いします。

1. 男：初めまして、トムです。二年前にカナダから来ました。今、自動車会社の社員です。どうぞよろしく。

2. 男：初めまして、伊藤です。日本の大阪から来ました。大阪大学工学部の一年生です。
　　どうぞよろしくお願いします。

3. 女：パクイオンと申します。韓国のソウルから来ました。高校三年生です。趣味は水泳
　　です。どうぞよろしくお願いします。

答案

1. カナダ　しゃいん（社員）　2. いちねんせい（一年生）　おおさか（大阪）

3. かんこく（韓国）　こうこう（高校）

解析

　　先听自我介绍，然后填写题目中相关人物的国籍、职业、爱好等关键信息。听前快速阅读题目，预判出需要听的关键信息。

- 第1题要听出国籍和职业。
- 第2题要听出是几年级的学生和来自哪里。
- 第3题要听出国籍和目前的教育阶段。

五、会話を聞いて、例のように書いてください。 MP3 3-1-05

听力原文

男1：皆さん、おはようございます。私は加藤弘です。それでは、自己紹介をお願いします。

女1：初めまして、王華です。中国の大連から来ました。専攻は日本語です。趣味はヨガです。どうぞよろしくお願いします。

男1：中国からの王さんですね。どうぞよろしく。次の方、どうぞ。

女2：初めまして、エリスです。ドイツから来ました。日本文学を専攻しています。趣味はええと、スポーツです。日本は初めてです。どうぞよろしくお願いします。

男1：エリスさんですね。よろしく。隣の方、どうぞ。

男2：皆さん、こんにちは。私はソムチャイと申します。タイから来ました。ええと、趣味はテニスです。どうぞよろしくお願いします。

男1：ソムチャイさんのご専攻は何ですか。

男2：専攻は言語学です。今、大学四年生です。

答案

1. エリス　2. にほんぶんがく（日本文学）　3. スポーツ　4. タイ　5. テニス

解析

　　听会话中的姓名、国名、专业、兴趣等关键信息，完成表格中的填空内容。如例题所示，先阅读题目信息，再重点听题中需要填空的内容。

応用編

聞いて書き入れましょう

六、録音を聞いて、絵の内容を完成してください。 MP3 3-1-06

🎧 听力原文

　友達を募集します。山田太郎と申します。京都大学の一年生です。趣味は旅行です。夢は世界一周です。皆さんと友達になりたいです。どうぞよろしくお願いします。

✍ 答案

1. やまだたろう（山田太郎）　2. きょうとだいがく（京都大学）　3. りょこう（旅行）

💡 解析

　听录音完成图片中的填空内容。解题前要仔细看图，明确听力任务，关注关键信息。

　本题图片是一则「友達募集」（征友启事），要听出姓名、大学名和个人兴趣等信息。图片中「夢は世界一周です」意思为"我的理想是周游世界"。征友启事一般会写明自己的「名前」（姓名）、「年齢」（年龄）、「趣味」（爱好）、「仕事」（职业）或「専攻」（专业）等信息。

七、録音を聞いて、＿＿＿＿に適当な言葉を書き入れてください。録音は3回繰り返します。

MP3 3-1-07

🎧✍ 听力原文及答案

　この人は山田さんです。山田さんは①にほんじん（日本人）です。中国の②だいがく（大学）で③にほんご（日本語）を教えています。④おくさん（奥さん）は中国人です。日本人ではありません。上海の⑤しゅっしん（出身）です。今、幼稚園の⑥せんせい（先生）です。

💡 解析

　（略）

3-2 出身はどちらですか

聞く前に

まず自分で確認しましょう。録音を聞いて質問に答えてみてください。 MP3 3-2-00

答案范例

1. 出身は遼寧省の大連です。
2. 趣味はテニスです。
3. 日本文学や経営学などがあります。

基礎編

聞いて選びましょう

一、録音を聞いて、その内容と合っているものに○を、違うものに×をつけてください。

MP3 3-2-01

听力原文

1. 女：この女の人は大学の先生です。
2. 男：この男の人は会社員です。電気会社の社員です。
3. 女：この外国人は病院の医者です。
4. 男：この人はコンビニの店員です。
5. 女：この女の人は銀行員です。
6. 男：この女の人はアナウンサーです。

答案

1. ×　2. ×　3. ○　4. ○　5. ○　6. ○

解析

　　判断录音内容与图片表达内容是否一致。要能够熟记图片中所示人物职业的相关词汇。

- 第1题图片所示内容的正确说法是「この女の人は看護師です」。"护士"在日语中旧的说法是「看護婦」，随着男护士的增多，现在多用「看護師」。
- 第2题图片所示内容的正确说法是「この男の人は先生です」。

31

二、女の人の趣味は何ですか。会話を聞いて、その内容と合っている絵を選んでください。

MP3 3-2-02

🎧 听力原文

1. 男：私の趣味はカラオケです。

　　女：へえ、カラオケですか。いいですね。

　　男：伊藤さんは？

　　女：登山です。山が好きなんです。

2. 男：田中さんのご趣味は何ですか。

　　女：私の趣味ですか。えーと、料理です。

　　男：へえ、料理ですか。いいですね。

3. 女：趣味ですか。本が好きですね。

　　男：へえ、読書が趣味なんですね。

　　女：ええ、そうなんです。山川さんは？

　　男：僕の趣味は卓球です。

4. 女：趣味は何ですか。サッカーですか。

　　男：いいえ、テニスです。テニスが大好きです。

　　女：えー、私と同じですよ。私もテニスが趣味なんです。

📝 答案

1. B　2. A　3. B　4. A

💡 解析

　　根据录音内容选择相应的图片。解题方法是先判断A与B的区别，然后听录音进行辨别。注意题目要求选出「女の人の趣味」（女生的兴趣爱好），因此要排除干扰信息。

- 第1题中，A是「カラオケ」（卡拉OK），B是「登山」（爬山）。A是男生的爱好，B是女生的爱好，故答案为B。
- 第2题中，A是「料理」（烹饪），B是「生け花」（插花）。录音中只出现「料理」（烹饪），故答案为A。
- 第3题中，A是「卓球」「ピンポン」（打乒乓球），B是「読書」（读书）。女生说「本が好きですね」（喜欢书），故答案为B。A是男生的爱好。
- 第4题中，A是「テニス」（网球），B是「サッカー」（足球）。录音中的回答只出现了「テニス」（网球），故答案为A。

三、録音を聞いて、その内容と合っているものを選んでください。 🎧MP3 3-2-03

🎧 **听力原文**

1. 女：初めまして、キムです。日本語学部の一年生です。どうぞよろしくお願いします。

男：吉田です。日本語学部の三年生です。どうぞよろしく。

2. 男：王さんのご専攻は何ですか。

女：日本文化です。

男：そうですか。田中さんも日本文学の専攻ですよ。

女：あのう、私の専攻は日本文化です。文学ではありません。

3. 男：陳さん、陳さんは大連のご出身ですか。

女：いいえ、私の出身は西安です。

男：ああ、西安ですか。

✍ **答案**

1．B　2．B　3．B

💡 **解析**

判断录音内容与文字信息是否对应。重点听焦点人物的信息。

- 第1题的焦点人物是「吉田さん」（吉田），吉田是三年级的学生，而「キムさん」（小金）是一年级的学生，故答案为B。
- 第2题的焦点人物是「王さん」（小王），要求辨别小王的「専攻」（专业）是「日本文学」（日本文学）还是「日本文化」（日本文化）。注意「文学」（文学）与「文化」（文化）的发音区别，并结合句尾的肯定与否定的表达方式，可判断答案为B。
- 第3题的焦点人物是「陳さん」（小陈），要求辨别小陈是哪里人。根据否定词「いいえ」，可判断答案为B。

▶ **聞いて書き入れましょう**

四、次は自己紹介の内容です。録音を聞いて、例のように書いてください。 🎧MP3 3-2-04

🎧 **听力原文**

例

初めまして、黒龍江省からまいりました李穎と申します。大連外国語大学の学生です。趣味は料理です。どうぞよろしくお願いします。

1. 女：初めまして、徐静と申します。出身は湖南省です。趣味はピアノです。大学は北京大学です。どうぞよろしくお願いします。

2. 女：初めまして、私の名前は張玲玲です。遼寧省の出身です。大学は吉林大学です。趣味は登山です。どうぞよろしく。

3. 男：皆さん、初めまして、田中信太郎です。日本の福岡県から来ました。北京大学の留学生です。趣味は剣道です。どうぞよろしくお願いします。

4. 男：イギリスのロンドンから来ました。ブランと申します。ロンドン大学の学生です。趣味はサッカーです。どうぞよろしく。

🖋 **答案**

1. ぺきんだいがく（北京大学）　2. とざん（登山）

3. ふくおかけん（福岡県）　　　4. ぶらん（ブラン）

💡 **解析**

　　听出自我介绍中人物的「氏名・名前」（姓名）、「出身」（故乡）、「大学」（所属大学）以及「趣味」（爱好）等关键信息，完成填空题。先阅读题目给出的信息，并预判录音内容，再认真听出关键信息。

　　听写时，由于要填写的内容有难度，建议只用平假名正确听写即可。

五、録音を聞いて、例のように書いてください。 MP3 3-2-05

🎧 **听力原文**

例

田中さんの仕事は何ですか。

男1：初めまして、ワンです。

男2：初めまして、田中です。

男1：田中さんは先生ですか。

男2：いいえ、会社員です。

男1：ああ、そうですか。私も会社員です。

1. スミスさんの専攻は何ですか。

男1：皆さん、こんにちは。私は外国語学部の二年生で、山田と申します。どうぞよろしくお願いします。それでは、留学生をご紹介します。こちらはスミスさんです。

男2：初めまして、スミスです。アメリカのニューヨークから来ました。専攻は法律です。どうぞよろしくお願いします。

2. 鈴木さんは今、大学何年生ですか。また、マリーさんの趣味は何ですか。

　　おはようございます。マリーです。ご紹介します。こちらは友達の鈴木花子さんです。日本人です。えー、出身は日本の東京です。今、ロンドン大学の二年生です。心理学を専攻しています。趣味は料理です。私の趣味ですか。えーと、私の趣味はドライブです。ドライブは楽しいです。

📝 **答案**

1. ほうりつ（法律）　　2. にねんせい（二年生）　　3. ドライブ

💡 **解析**

　　听出会话中有关专业、兴趣等的关键信息，完成填空题。先阅读题目信息，明确听力任务，将题中空格部分作为听时的重点（如例题中要求听出田中的职业）。

• 第2题和第3题中要注意听出两个不同主语的相关信息，即"铃木是几年级学生"和"玛丽的爱好是什么"。注意听会话中的主语。

応用編

▶ **聞いて書き入れましょう**

六、録音を聞いて、絵の内容を完成してください。 MP3 3-2-06

🎧 **听力原文**

男1：皆さん、こんばんは。ただいまから、新入生の歓迎会を始めます。司会の小野です。どうぞよろしくお願いします。まず、皆さんに自己紹介をお願いします。

女　：初めまして、王芳と申します。中国の上海から来ました。専攻は経営学です。えーと、趣味はスポーツです。どうぞよろしくお願いします。

男2：初めまして、田中と申します。京都から来ました。心理学を専攻しています。趣味は野球です。どうぞよろしくお願いします。

📝 **答案**

1. おうほう（王芳）　　2. たなか（田中）　　3. しゃんはい（上海）

4. スポーツ　　　　　5. きょうと（京都）　　6. しんりがく（心理学）

💡 **解析**

　　听会话完成图片中的填空内容。解题前要仔细看图，明确听力任务，关注关键信息。

　　本题图片体现的是一个「歓迎会」（欢迎会）的场景，注意听录音中不同人物的说话内容，填写空格处的内容。要求听出的信息主要有「名前」（姓名）、「出身」（故乡）、「趣味」（爱好）、「専攻」（专业）等。

七、録音を聞いて、＿＿＿＿に適当な言葉を書き入れてください。録音は3回繰り返します。

MP3 3-2-07

🎧📝 **听力原文及答案**

　　初めまして、平成大学の田中一郎です。どうぞよろしく①おねがいします（お願いします）。私は、今、平成大学の二年生です。②せんこう（専攻）は経営学です。趣味は③スポーツです。大学の勉強は大変ですが、④たのしい（楽しい）です。私の兄も平成大学の⑤しゅっしん（出身）です。今は⑥かいしゃいん（会社員）です。

💡 **解析**

　　（略）

練習問題

問題一、絵を見て、正しい答えをA、B、Cの中から一つ選んでください。 MP3 3-3-01

1.

（　　）

2.

（　　）

問題二、絵を見て、正しい答えをA、B、C、Dの中から一つ選んでください。 MP3 3-3-02

1.
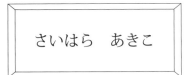
A

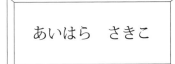
B

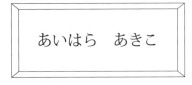
C

D

（　　）

2.

A

B

C　　　　　　　　　　　　　　　　　D

（　　）

問題三、録音を聞いて、A、B、C、Dの中から正しい答えを一つ選んでください。 MP3 3-3-03

1. （　　　　）
　　A　料理です。　　　　B　経済です。　　　　C　上海です。　　　　D　大学です。

2. （　　　　）
　　A　まつたです。　　　B　ますだです。　　　C　まずだです。　　　D　まつだです。

問題四、次の問題には絵はありません。録音を聞いて、正しい答えを一つ選んでください。

MP3 3-3-04

1. （　　　）　　　　　2. （　　　）　　　　　3. （　　　）　　　　　4. （　　　　）

問題五、録音を聞いて、次の文を完成してください。録音は3回繰り返します。 MP3 3-3-05

　　皆さん、①＿＿＿＿＿＿へようこそ。ここは②＿＿＿＿＿＿の楽園です。僕は③＿＿＿＿＿＿です。中国の④＿＿＿＿＿＿から来ました。こちらは⑤＿＿＿＿＿＿の⑥＿＿＿＿＿＿です。彼女も中国から来ました。

解答

問題一、絵を見て、正しい答えをA、B、Cの中から一つ選んでください。 MP3 3-3-01

🎧 听力原文

1. この女の人の仕事は何ですか。

   A　先生です。　　　　B　看護師です。　　　　C　医者です。

2. この人の趣味は何ですか。

   A　野球です。　　　　B　テニスです。　　　　C　水泳です。

✍ 答案

1. B　2. B

問題二、絵を見て、正しい答えをA、B、C、Dの中から一つ選んでください。 MP3 3-3-02

🎧 听力原文

1. 女の人の名前は何ですか。

   女：あれ、この名前、違いますよ。「さいはら　あきこ」じゃありません。「さいはら」
　　　じゃなくて、「あいはら」です。

   男：ええ？

   女：「さ」ではなくて、「あ」です。

   男：ああ、そうですか。失礼しました。

2. 女の子の写真はどれですか。

   女：こんにちは。私の名前は、山田桃子です。桜小学校の二年生です。これは家族の写真
　　　です。父、母、ペットの「トトロ」ちゃんと私です。「トトロ」ちゃんはママの隣
　　　よ。かわいいでしょう。

✍ 答案

1. C　2. C

問題三、録音を聞いて、A、B、C、Dの中から正しい答えを一つ選んでください。 MP3 3-3-03

🎧 听力原文

1. これから、学生が自己紹介をします。この学生の専攻は何ですか。

   女：では、自己紹介をしてください。お名前と国、それからご専攻と趣味をお願いしま
　　　す。では、どうぞ。

   男：私の名前はちんです。中国の上海から来ました。あのう、私は今、大学三年生です。

　　　　趣味は料理です。専攻は経済です。どうぞ、よろしく。

　　この学生の専攻は何ですか。

2. 男の人の名前は何ですか。

　　男：初めまして、益田です。

　　女：松田さんですね。

　　男：いいえ、ますだです。

　　男の人の名前は何ですか。

📝 **答案**

1. B　2. B

問題四、次の問題には絵はありません。録音を聞いて、正しい答えを一つ選んでください。

MP3 3-3-04

🎧 **听力原文**

1. 山田さんの仕事は何ですか。

　　男1：あのう、ミノラさんですか。

　　男2：はい、ミノラです。フランスから来ました。

　　男1：私は山田です。銀行員です。

　　男2：私は自動車メーカーのエンジニアです。どうぞよろしく。

　　山田さんの仕事は何ですか。

　　A　銀行員です。　　B　エンジニアです。　C　自動車です。　　D　メーカーです。

2. 男の人はどこの国の人ですか。

　　男：初めまして、ジョンと申します。オーストリアから来ました。どうぞよろしくお願い
　　　　します。

　　女：オーストラリアからのジョンさんですね。こちらこそ、どうぞよろしく。

　　男：あのう、オーストラリアじゃなくて、オーストリアです。

　　女：あ、そうですか。失礼しました。オーストリアですね。

　　男の人はどこの国の人ですか。

　　A　ジョンです。　　　　　　　　　　　　B　オーストラリアです。

　　C　インドネシアです。　　　　　　　　　D　オーストリアです。

3. パクさんが自己紹介をしています。パクさんの趣味は何ですか。

　　女：パクイオンと申します。韓国のソウルから来ました。高校三年生です。趣味は水泳で
　　　　す。専攻は日本文学です。どうぞ、よろしくお願いします。

　　パクさんの趣味は何ですか。

　　A　高校です。　　　B　水泳です。　　　　C　日本文学です。　D　三年生です。

4. 鈴木さんの趣味は何ですか。

　女：おはようございます。マリーです。ご紹介します。こちらは友達の鈴木花子さんです。
　　　日本人です。えー、出身は日本の東京です。今、ロンドン大学の二年生です。心理学
　　　を専攻しています。趣味は料理です。私の趣味ですか。えーと、私の趣味はドライブ
　　　です。ドライブは楽しいです。

　鈴木さんの趣味は何ですか。

　A　心理学です。　　　B　ドライブです。　　　C　登山です。　　　D　料理です。

📝 **答案**

1. A　2. D　3. B　4. D

問題五、録音を聞いて、次の文を完成してください。録音は3回繰り返します。 MP3 3-3-05

🎧📝 **听力原文及答案**

　皆さん、①うえのどうぶつえん（上野動物園）へようこそ。ここは②パンダの楽園です。
僕は③リーリー（リーリー）です。中国の④しせんしょう（四川省）から来ました。こちら
は⑤ともだち（友達）の⑥しんしん（シンシン）です。彼女も中国から来ました。

第4課

モノの言い方

MP3 4-1-00

4-1 これは何ですか

聞く前に

まず自分で確認しましょう。録音を聞いて質問に答えてみてください。 MP3 4-1-00

答案范例

1. 刺身、お寿司、みそ汁などがあります。
2. 鉛筆、ボールペン、消しゴム、電子辞書などがあります。

基礎編

聞いて選びましょう

一、録音を聞いて、その内容と合っているものに○を、違うものに×をつけてください。
MP3 4-1-01

听力原文

1. 女：これは野菜です。
2. 男：これは魚です。
3. 女：これは刺身です。
4. 男：これは辞書です。
5. 女：これは鉛筆です。
6. 男：これはパソコンです。

答案

1. ○　2. ×　3. ○　4. ○　5. ×　6. ○

解析

　　判断录音内容与图片表达内容是否一致。主要学习日语中的判断句「これは～です」。要求熟记图片所示物品的日语说法。

- 第2题图片所示内容的正确说法是「これは肉_{にく}です」。
- 第3题图片中是日本料理中的「刺身_{さしみ}の盛_もり合_あわせ」（刺身拼盘）。
- 第5题图片所示内容的正确说法是「これはペン/万年筆_{まんねんひつ}です」。

二、会話を聞いて、その内容と合っている絵を選んでください。 MP3 4-1-02

听力原文

1. 男：それは何ですか。

　　女：これ？これは肉です。豚肉です。

2. 女：これは鉛筆ですか。

　　男：いいえ、鉛筆ではありません。ボールペンです。

3. 男：これは消しゴムですか。

　　女：ええ、消しゴムです。

4. 女：これは何の写真ですか。

　　男：私の家ですよ。

答案

1. A　2. B　3. B　4. A

解析

　　根据录音内容选择相应的图片。解题方法是先判断A与B的区别，然后听录音进行辨别。重点听对疑问句的回答。

- 第1题中A是「肉_{にく}」（肉），B是「鯛_{たい}」（加吉鱼）。
- 第2题中A是「鉛筆_{えんぴつ}」（铅笔），B是「ボールペン」（圆珠笔）。「いいえ」表示否定了A，故答案为B。
- 第3题中A是「ペン/万年筆_{まんねんひつ}」（钢笔），B是「消しゴム_け」（橡皮）。「ええ」表示给对方肯定的答复，故答案为B。
- 第4题中A是「家_{いえ}」（住宅，家），B是「図書館_{としょかん}」（图书馆）。录音中说「私_{わたし}の家_{いえ}ですよ」（是我家），故答案为A。

三、録音を聞いて、その内容と合っているものを選んでください。 MP3 4-1-03

听力原文

1. 女：これはペンですか。

   男：いいえ、ペンではありません。ボールペンですよ。

2. 男：これは何ですか。

   女：携帯電話です。

   男：へえ、携帯電話ですか。（↓）

3. 男：これは刺身ですか。

   女：いいえ、お寿司ですよ。

   男：そうですか。（↓）寿司ですか。（↓）

4. 男：明日の朝ご飯はパンですか。ご飯ですか。

   女：ご飯とみそ汁ですよ。

答案

1. B　2. A　3. B　4. B

解析

　　判断录音内容与文字信息是否对应。本题重点学习一般疑问句，注意对话中应答词的用法。

- 第1题要听出是「ペン」（钢笔）还是「ボールペン」（圆珠笔）。录音中「いいえ」否定了前者，故答案是B。
- 第2题要注意辨别「携帯電話」（手机）与「携帯品」（随身携带的物品）的发音，录音中出现的是「携帯電話」（手机），故答案为A。「携帯電話」（手机）可简称为「携帯」。
- 第3题要听出是「刺身」（刺身）还是「寿司」（寿司）。录音中「いいえ」否定了前者，故答案为B。
- 第4题是选择疑问句，回答中出现了「ご飯」（米饭），故答案为B。

▶ 聞いて書き入れましょう

四、会話を聞いて、例のように書いてください。 MP3 4-1-04

听力原文

例

　　男：それは何ですか。（↑）

　　女：これですか。（↓）パンですよ。私の朝ご飯です。

　　男：そうですか。（↓）

1. 女：李さんの昼ご飯は何ですか。

　　男：サンドイッチとコーヒーです。

　　女：そうですか。サンドイッチとコーヒーですか。（↓）

　　男：ええ、毎日そうですよ。

2. 女：あの部屋は何の部屋ですか。

　　男：あそこは寝室です。私の寝室です。

　　女：そうですか。（↓）劉さんの寝室ですか。（↓）

3. 男：ここはどこですか。

　　女：図書館ですよ。

　　男：図書館ですか。（↓）

答案

1. サンドイッチ　コーヒー　2. しんしつ（寝室）　3. としょかん（図書館）

解析

　　听懂会话中用特殊疑问句提问的内容，完成填空题。解题关键是要抓住会话中出现的疑问词，有针对性地听关键信息，并完成听力任务。第1题要听午餐吃什么，第2题要听是什么房间，第3题要听场所名称。

五、会話を聞いて、例のように書いてください。 MP3 4-1-05

听力原文

例

　　男：これは刺身ですか。

　　女：そうですよ。刺身です。

　　男：何の刺身ですか。

　　女：マグロの刺身です。

　　男：そうですか。マグロの刺身ですか。（↓）

1. 女：田中さん、それは何ですか。

　　男：これですか。電子辞書です。

　　女：電子辞書ですか。（↓）いいですね。何の電子辞書ですか。

　　男：日本語と中国語の電子辞書です。

2. 男：李さん、これはボールペンですか。

　　女：いいえ、ボールペンではありません。シャープペンシルですよ。

　　男：えっ？シャープ…？

　　女：シャープ・ペン・シ・ル・です。「自動鉛筆」ですよ。

男：ああ、シャープペンシルですね。

女：はい、そうです。

3. 客　：すみません、これは何ですか。

店員：ピーマンです。中国産のピーマンです。

客　：この肉は牛肉ですか。

店員：いいえ、豚肉です。アメリカの豚肉です。

4. 店員：いらっしゃいませ、どうぞ。はい、メニューです。

（……）

客　：すみません、これは何のカレーですか。

店員：鶏肉のカレーです。牛肉ではありません。

客　：このビールはどこのビールですか。

店員：ドイツのビールです。

客　：そうですか。じゃ、鶏肉のカレーとビールをください。

答案

1. にほんご（日本語）　ちゅうごくご（中国語）　2. シャープペンシル

3. ちゅうごく（中国）　ぶたにく（豚肉）　　4. とりにく（鶏肉）　ドイツ

解析

　　听出会话中物品、菜肴的名称等关键信息，完成填空题。解题时，先阅读题目信息，重点听空格部分的内容。例题中要求学生听出是「何の刺身」（哪种鱼的刺身），所以在听录音时只要听懂「～の刺身」前面的信息即可。

• 第3题中的「ピーマン」（青椒）是「中国産のピーマン」（中国产的青椒）。日本农副产品除了本国生产外，有不少是从国外进口的，而猪肉多从美国进口（「アメリカの豚肉」），鸡肉多来自巴西（「ブラジルの鶏肉」）。

• 第4题是在餐厅点菜的场景。「鶏肉のカレー」是鸡肉咖喱，「牛肉のカレー」是牛肉咖喱，「ドイツのビール」是德国产的啤酒。

応用編

聞いて書き入れましょう

六、録音を聞いて、絵の内容を完成してください。 MP3 4-1-06

听力原文

これは教科書です。日本語の教科書です。「日本語聴解」の教科書です。私の教科書です。

答案

1. にほんご（日本語）　2. にほんごちょうかい（日本語聴解）　3. わたし（私）

解析

听录音完成图片中的填空内容。解题前要仔细看图，明确听力任务，关注关键信息。

七、録音を聞いて、_____に適当な言葉を書き入れてください。録音は3回繰り返します。
MP3 4-1-07

听力原文及答案

これは私の①ペンケースです。中には、鉛筆、シャープペンシル、②サインペン、修正ペン、4色③ボールペンなどがあります。色紙ふせん、④けしゴム（消しゴム）、定規はありません。

解析

（略）

4-2 私のペットは猫です

聞く前に

まず自分で確認しましょう。録音を聞いて質問に答えてみてください。 MP3 4-2-00

答案范例

1. はい、います。私のペットは猫です。
2. 豚は知っていますが、猪は知りません。
3. ペンギン、鯨などを知っています。

基礎編

聞いて選びましょう

一、録音を聞いて、その内容と合っているものに○を、違うものに×をつけてください。

MP3 4-2-01

听力原文

1. 女：これは猫です。
2. 男：これは犬です。
3. 女：これは豚です。
4. 男：これはライオンです。
5. 女：これは虎です。
6. 男：これはペンギンです。

答案

1. ○ 2. × 3. × 4. ○ 5. ○ 6. ○

解析

　　判断录音内容与图片表达内容是否一致。主要学习日语中的判断句「これは～です」。要求熟记图片所示动物的日语说法。

- 第2题图片所示内容的正确说法是「これは兎です」。
- 第3题图片所示内容的正确说法是「これは猪です」。要注意区分日语的「猪」（野猪）与「豚」（猪）。

二、会話を聞いて、その内容と合っている絵を選んでください。 📟MP3 4-2-02

> 🎧 **听力原文**

1. 男：それは何ですか。

   女：これは犬です。

2. 女：これは豚ですか。

   男：いいえ、それは猪ですよ。

3. 男：これは海豚ですか。

   女：ええ、海豚です。

4. 女：これは熊ですか。

   男：いいえ、熊ではありません。パンダですよ。

> ✎ **答案**

1. A　2. B　3. A　4. B

> 💡 **解析**

　　根据录音内容选择相应的图片。解题方法是先判断A与B的区别，然后听录音进行辨别。重点听辨图片中动物的名称。

- 第1题A是「犬」（狗），B是「猫」（猫）。
- 第2题A是「豚」（猪），B是「猪」（野猪）。
- 第3题A是「海豚」（海豚），B是「あしか」（海狮）。
- 第4题A是「熊」（熊），B是「パンダ」（熊猫）。

三、録音を聞いて、その内容と合っているものを選んでください。 📟MP3 4-2-03

> 🎧 **听力原文**

1. 女：これ、猫ですか。

   男：いいえ、猫ではありません。虎ですよ。小さい虎です。

2. 男：これは何ですか。

   女：熱帯魚です。私のペットです。

   男：ああ、そうですか。（↓）

3. 男：これはうなぎですか。

   女：いいえ、うなぎではありません。あなごですよ。

   男：そうですか。（↓）あなごですか。（↓）よく似ていますね。

4. 男：これは何ですか。

   女：くらげです。

　　男：あ、とかげですか。

　　女：いいえ、とかげではありません。くらげですよ。

答案

1. B　2. A　3. A　4. A

解析

　　判断录音内容与文字信息是否对应。重点听判断句句尾表达方式是肯定还是否定。

- 第1题根据否定词「いいえ」来判断话题不是关于A。
- 第2题注意仔细听A和B的发音区别。
- 第3题根据否定词「いいえ」来判断话题不是关于B。
- 第4题根据否定表达方式「～ではありません」来判断。

聞いて書き入れましょう

四、会話を聞いて、例のように書いてください。 MP3 4-2-04

听力原文

例

　　男：この動物は何ですか。

　　女：これですか。（↓）しま馬ですよ。

　　男：しま馬ですか。（↓）馬とよく似ていますね。

1. 女：私のペットは鳥と亀です。

　　男：鳥とかねですか。（↓）

　　女：違いますよ。鳥と亀です。か・め。

　　男：あっ、亀ですね。失礼しました。

2. 男：鈴木さん、これも海豚ですか。

　　女：ええ、そうです。海豚です。

　　男：そうですか。（↓）

3. 男：田中さん、あれは何ですか。

　　女：あれですか。（↑）あれはインコですよ。

　　男：へー、インコですか。（↓）

答案

1. とり（鳥）　かめ（亀）　2. いるか（海豚）　3. インコ

解析

　　听出会话中出现的动物名称等信息，完成填空题。首先要阅读题目，重点听与题目横线部分相关的内容。如例题所示，关键是要抓住会话中出现的疑问词，有针对性地填空。第1题听宠物是什么，第2题听动物名称，第3题听鸟的名称。

五、会話を聞いて、例のように書いてください。 MP3 4-2-05

听力原文

例

　　男：これは何の魚ですか。

　　女：金魚ですよ。日本の金魚です。

　　男：ええ、中国の金魚と違いますね。

　　女：そうですね。

1. 女：ほら、亀がたくさんですね。

　　男：そうですね。それは緑亀ですか。

　　女：ええ、緑亀です。緑の亀ですね。

　　男：なるほど。

2. 男：王さん、かわいい猫ですね。

　　女：かわいいでしょ。（↑）私のペットです。

　　男：名前は？

　　女：愛ちゃんです。

　　男：愛ちゃん、こんにちは。

　　猫：ニャア（猫の鳴き声）。

3. 女：新井さん、あれは豚？

　　男：いや、猪だよ。イノシシ。

　　女：そうですか。これが猪ですか。（↓）

　　男：ええ。

4. 男：佐藤さん、おはよう。

　　女：おはようございます。

　　男：ワンちゃんとお散歩ですか。

　　女：ええ、毎日ですよ。

答案

1. みどり（緑）　2. ねこ（猫）　あいちゃん（愛ちゃん）

3. いのしし（猪）　4. ワンちゃん

解析

听出会话中谈及的动物名称等关键信息，完成填空题。解题前先阅读题目信息，明确接下来要听出什么关键信息，如例题是重点听「何の<ruby>魚<rt>なん さかな</rt></ruby>」（什么鱼）。

- 第1题要听出龟的种类。
- 第2题要听出宠物种类以及宠物的名字。宠物，尤其是猫或狗对于很多宠物主人来说不只是动物，而是跟子女一样的家庭成员，要注意日语中称呼宠物的用词。
- 第3题要听出在校园里看到的动物名称。日本有的大学校园里有野猪出没，比如日本的神户大学是依山而建，校园就在山坡上，偶有野猪出没。
- 第4题要听出是与什么动物一起散步。小型宠物犬在日语中常被称作「ワンちゃん」。

応用編

聞いて書き入れましょう

六、録音を聞いて、絵の内容を完成してください。 MP3 4-2-06

听力原文

　　こちらは私の牧場です。この牧場には、馬、牛、犬、鶏などがいます。毎日ミルクと卵がたくさん取れます。この牧場には豚はいません。

答案

1. うま（馬）　いぬ（犬）　2. ミルク　たまご（卵）

解析

　　听录音完成图片中的填空内容。解题前要仔细看图，明确听力任务，关注关键信息。

　　本题的图片中是一个牧场，出现了各种「<ruby>動物<rt>どうぶつ</rt></ruby>」（动物），题目中有信息提示，如「<ruby>牛<rt>うし</rt></ruby>」「<ruby>鶏<rt>にわとり</rt></ruby>」，听会话后完成填空。学生可以利用词典查找相关词汇，模拟此段内容进行描述，提高自身的词汇表达能力。

七、録音を聞いて、＿＿＿＿＿＿に適当な言葉を書き入れてください。録音は3回繰り返します。

MP3 4-2-07

听力原文及答案

　　ここは水族館です。水族館には海の①いきもの（生き物）がたくさんいます。南極大陸のオウサマ②ペンギン、イルカ、アシカなどがいます。あそこの水槽には③クジラ、サメがいます。また、④ねったいぎょ（熱帯魚）もたくさんいます。

解析

　　（略）

練習問題

問題一、絵を見て、正しい答えをA、B、Cの中から一つ選んでください。 MP3 4-3-01

1.

（　　　）

2.

（　　　）

問題二、絵を見て、正しい答えをA、B、C、Dの中から一つ選んでください。 MP3 4-3-02

1.

A

B

C

D

2.

A

B

C

D

問題三、録音を聞いて、A、B、C、Dの中から正しい答えを一つ選んでください。 MP3 4-3-03

1.（　　　　）
　A　田中さん　　　　　B　佐藤さん　　　　　C　斉藤さん　　　　　D　鈴木さん
2.（　　　　）
　A　桜の花　　　　　B　梅の花　　　　　C　菜の花　　　　　D　桃の花

問題四、次の問題には絵はありません。録音を聞いて、正しい答えを一つ選んでください。
　　　　MP3 4-3-04

1.（　　　　）　　　　2.（　　　　）　　　　3.（　　　　）　　　　4.（　　　　）

問題五、録音を聞いて、次の文を完成してください。録音は3回繰り返します。 MP3 4-3-05

　　ここは①＿＿＿＿＿＿です。たくさんの野菜があります。②＿＿＿＿＿、にんじん、レタス、ピーマン、③＿＿＿＿＿などがあります。果物もたくさんあります。④＿＿＿＿＿、梨、みかんなどがあります。

解答

問題一、絵を見て、正しい答えをA、B、Cの中から一つ選んでください。 📻 MP3 4-3-01

🎧 听力原文

1. これは何ですか。
   A　カップです。　　B　コップです。　　C　ビンです。
2. ここは何の店ですか。
   A　花屋です。　　　B　ラーメン屋です。　C　本屋です。

✍ 答案

1. B　2. B

問題二、絵を見て、正しい答えをA、B、C、Dの中から一つ選んでください。 📻 MP3 4-3-02

🎧 听力原文

1. 鈴木さんのペットは何ですか。
   女：わあ、かわいいペット。鈴木さんのですか。
   男：いいえ、この猫は田中さんのです。
   女：そうですか。鈴木さんのペットは？
   男：私のペットは犬です。あそこの犬です。
2. これは水族館の写真です。どの写真ですか。
   女：李さん、これは水族館の写真です。見て、たくさんの魚ですよ。
   男：ほんとうにたくさんですねえ。
   女：ええ、すごいでしょう。
   男：すごいですね。

✍ 答案

1. C　2. A

問題三、録音を聞いて、A、B、C、Dの中から正しい答えを一つ選んでください。 📻 MP3 4-3-03

🎧 听力原文

1. 帽子は誰のですか。
   男：田中さん、これは誰の傘ですか。
   女：それは佐藤さんのです。
   男：じゃ、この帽子も佐藤さんのですか。

女：いいえ、それは斉藤さんのです。

帽子は誰のですか。

2. これは何の花ですか。

男：鈴木さん、これは何の花ですか。

女：へえ、これですか。これは桜の花ですね。

男：へえ、これが桜の花ですか。

女：ああ、ごめん、桜ではありません。桃の花です。

男：桜の花とよく似ていますね。

これは何の花ですか。

答案

1. C　2. D

問題四、次の問題には絵はありません。録音を聞いて、正しい答えを一つ選んでください。

MP3 4-3-04

听力原文

1. 王さんのものはどれですか。

男：わあ、王さん、たくさんの服ですね。

女：ええ、全部李さんのです。

男：そうですか。（↓）靴も？

女：はい。帽子だけは私のです。

男：そうですか。（↓）

王さんのものはどれですか。

A　靴です。　　　　　B　帽子です。　　　C　靴下です。　　　D　ぼうずです。

2. ここは何の店ですか。

男：山田さん、ここは何の店ですか。

女：花屋です。

男：へー、花屋ですか。（↓）

女：ほら、花がたくさんですよ。

ここは何の店ですか。

A　やおやです。　　　B　はらやです。　　C　はねやです。　　D　はなやです。

3. 男の人の昼ご飯は何ですか。

女：李さんの昼ご飯は何ですか。

男：サンドイッチとコーヒーです。

女：そうですか。サンドイッチとコーヒーですか。（↓）

男：ええ。朝はパンとミルクですけど。

男の人の昼ご飯は何ですか。

A　パンとコーヒー　　　　　　　　　　B　パンとミルク

C　サンドイッチと紅茶　　　　　　　　D　サンドイッチとコーヒー

4. 男の人のペットは何ですか。

女：わあ、かわいいペット。鈴木さんのですか。

男：いいえ、この猫は田中さんのです。

女：そうですか。鈴木さんのペットは？

男：私のペットは犬です。あそこのワンちゃんです。

男の人のペットは何ですか。

A　猫　　　　　　　B　犬　　　　　　　C　虎　　　　　　　D　鳥

📝 **答案**

1. B　2. D　3. D　4. B

問題五、録音を聞いて、次の文を完成してください。録音は3回繰り返します。 🎵MP3 4-3-05

🎧📝 **听力原文及答案**

ここは①やおや（八百屋）です。たくさんの野菜があります。②だいこん（大根）、にんじん、レタス、ピーマン、③トマトなどがあります。果物もたくさんあります。④りんご、梨、みかんなどがあります。

第5課

呼び掛け語

5-1 私は3人家族です

聞く前に

まず自分で確認しましょう。録音を聞いて質問に答えてみてください。 MP3 5-1-00

答案范例

1. お父さん、お母さん、妹 などです。
2. 私 は3人家族で、一人っ子です。
   僕は4人家族で、2人 兄 弟です。

基礎編

▶ 聞いて選びましょう

一、録音を聞いて、その内容と合っているものに○を、違うものに×をつけてください。
MP3 5-1-01

听力原文

1. 女：この人は花子ちゃんのおばあさんです。
2. 男：この人は私のおじです。今年で70歳です。
3. 女：私は3人家族です。父と母と一人っ子の私です。
4. 男：私は4人家族です。娘と息子がいます。
5. 女：この男の人はお父さんです。隣の女の子は娘さんです。
6. 男：この2人はクラスメートで、仲がいい友達です。

📝 **答案**

1. ×　2. ×　3. ○　4. ○　5. ○　6. ×

💡 **解析**

　　判断录音内容与图片表达内容是否一致，需要了解图片中的人物构成以及人物关系。

- 第1题图片所示内容的正确说法是「この人は花子ちゃんのおじいさんです」。
- 第2题图片所示内容的正确说法是「この人は私の祖母です」。
- 第6题图片所示内容的正确说法是「この2人は夫婦です」。图片中女子称呼对方为「あなた」，「あなた」是妻子对丈夫常用的称呼方式。

二、会話を聞いて、その内容と合っている絵を選んでください。 🎧 MP3 5-1-02

🎧 **听力原文**

1. 女：これはご家族の写真ですね。

　　男：はい、そうです。子どもが2人います。上は男の子で、下は女の子です。

2. 男：花子ちゃんは何人兄弟ですか。

　　女：私は3人兄弟です。私が一番下で、兄が2人です。

3. 女：太郎君のうちは大家族ですね。

　　男：ええ、そうですよ。祖父と祖母、両親、弟、妹、それから私です。

4. 女：お子さんは何人ですか。

　　男：うちは一姫二太郎です。上は女の子で、下は男の子です。

📝 **答案**

1. A　2. A　3. B　4. B

💡 **解析**

　　根据录音内容选择相应的图片。解题方法是先判断A与B的区别，然后听录音进行辨别。重点听辨图片中的人物关系。

- 第1题只要听出「子どもが2人」（两个孩子），就能选出答案A。此外，还可以通过「上は男の子で、下は女の子です」（大的是男孩，小的是女孩）来进行判断。
- 第3题的难度在于听清录音中提及的家庭成员是6人还是7人。
- 第4题只要知道「一姫二太郎」表示"老大是女孩，老二是男孩"之意，即可判断答案是B。本段会话中，即使不明白这个词组的意思也没关系，后一句话进行了补充说明，即「上は女の子で、下は男の子です」（大的是女孩，小的是男孩），也可判断出答案为B。

三、録音を聞いて、その内容と合っているものを選んでください。 MP3 5-1-03

听力原文

1. 男：えっ、この人、良子さんの弟さんですか。

　女：ええ、そうです。弟は高校の教師です。

2. 女：これはお母さんの写真ですか。

　男：いいえ、それはおばです。母の妹です。

　女：ああ、おばさんですか。

3. 男：花子、これはお父さんとお母さんの写真ですか。

　女：いいえ、うちのおじいさんとおばあさんですよ。それは20年前の写真です。

　男：へえ、そうですか。

4. 女：この女の子、かわいいですね。

　男：あ、それは、姉の子どもです。今年、3歳です。

　女：ああ、お姉さんの子どもさんですか。

答案

1. A　2. A　3. B　4. B

解析

　　判断录音内容与文字信息是否对应，重点听家庭成员的说法。

- 第1题要求准确、快速地听辨出发音相近的「弟さん」（弟弟）和「お父さん」（父亲），也可以通过下一句中的「弟」（弟弟）判断出正确答案为A。

- 第3题稍有难度之处在于选项中给出的词是「両親」（父母）和「祖父母」（祖父母），而录音中完全没出现这两个词，使用的是「お父さんとお母さん」（父亲和母亲）和「おじいさんとおばあさん」（爷爷和奶奶），听时注意人物称谓的转换。

- 第4题的关键之处在于「この女の子」（这个女孩）。另外，「かわいい」是一个形容词，意思为"可爱"。如今，「かわいい」的使用范围不断扩大，并不限于年幼的孩子、小巧的物品，越来越多的人用「かわいい」来形容有好感或亲密感的人或物。例如「かわいいおじいちゃん」（可爱的老爷爷）、「かわいい建物」（可爱的建筑物）、「かわいい車」（可爱的汽车）等等。另外，外甥女和侄女的日语说法是「姪」，外甥和侄子的日语说法是「甥」。

> **聞いて書き入れましょう**

四、会話を聞いて、例のように書いてください。 MP3 5-1-04

🎧 **听力原文**

例

　　男：これは王さんのご家族の写真ですか。

　　女：はい、そうです。

　　男：王さんの隣の方はどなたですか。

　　女：おばです。

　　男：きれいですね。おばさんのお仕事は何ですか。

　　女：おばは公務員です。

1. 女：これは先輩のご家族の写真ですね。

　　男：ええ、そうですよ。

　　女：じゃ、先輩の前の方はおじいさんですか。

　　男：ええ、祖父は学校の教師です。

2. 男：花子さんのお母さんは銀行員ですか。

　　女：いいえ、母は銀行員ではありませんよ。母は漫画家です。

　　男：ええ？漫画家ですか。すごいですねぇ。

　　女：いいえ。そんなことはありません。

3. 男：これは先輩のご家族の写真ですか。

　　女：ええ、そうです。

　　男：こちらは妹さんですか。

　　女：ええ、一番下の妹です。

　　男：妹さんは大学生ですか。

　　女：いいえ、妹は大学生じゃありません。今年17歳で、高校3年生です。

📝 **答案**

1. おじいさん　そふ（祖父）　　2. おかあさん（お母さん）　　はは（母）

3. いもうとさん（妹さん）　　いもうと（妹）

💡 **解析**

　　听会话中对同一人物的不同称呼方式，完成填空题。

- 第2题中的「すごい」是一个形容词，意思为"厉害，了不起"。「すごいですねぇ」这句话常用来赞叹他人，意思是"真厉害！太了不起啦！"。

五、二人はどんな関係ですか。会話を聞いて、例のように書いてください。 MP3 5-1-05

🎧 **听力原文**

例

女：パパ、これ、私の絵。

男：どれ、どれ。「私の家族」、花子、すごいねえ。

女：左はパパ、右はママ、真ん中は私よ。

男：えらい、えらい！

1. 女：あなた、明日の土曜日、会社、休みよね。

男：いや、ちょっと残業が…。

女：ええ？また仕事？まったく！

2. 女：お兄ちゃん、これ、運動会の写真。

男：へえー。そうか。この子、かわいいね。良子と同じクラスなの？

女：うん。クラスメートの花子ちゃんよ。私の前の席なの。

✏️ **答案**

1.ごしゅじん（ご主人）　2.きょうだい（兄弟）　いもうとさん（妹さん）

💡 **解析**

听会话，判断会话中人物间的关系，完成填空内容。可以参考题目的已知信息，对会话内容进行预判和理解。

- 第1题中，「あなた」一词常用于夫妻间妻子对丈夫的称呼。另外，题目信息中的「奥^{おく}さん」一词也是解题的关键。

- 第2题中的「～ちゃん」一词是接尾词，和「～さん」意思一样，比如「お兄^{にい}ちゃん」意思等同于「お兄^{にい}さん」，但听起来比「～さん」更亲密、柔和。此外还有「おじいちゃん」「お母^{かあ}ちゃん」「おばちゃん」「花子^{はなこ}ちゃん」「太郎^{たろう}ちゃん」等。「～君^{くん}」也是一种略显亲密的称呼方式，它通常用于男性称呼同辈或晚辈。家庭成员中长辈对晚辈可以直呼其名，不加「さん」「ちゃん」「君^{くん}」。

応用編

> 聞いて書き入れましょう

六、録音を聞いて、絵の内容を完成してください。 MP3 5-1-06

听力原文

私は佐藤たけしです。大学2年生です。次の4人を紹介します。一番左の人は、祖母です。父の母です。今年、72歳です。その隣は、父の妹です。私のおばです。左から3番目も私のおばです。このおばは父の妹ではありません。父の姉です。一番右の人は兄の奥さんで、義理の姉です。

答案

1. いもうと（妹）　2. おば　3. あね（姉）

4. おば　5. おくさん（奥さん）　6. ぎりのあね（義理の姉）

解析

听录音完成图片中的填空内容。解题前要仔细看图，明确听力任务，关注关键信息。

本题图片是一个介绍家人及亲属关系的简图，录音内容以「佐藤たけし」（さとう）的视角展开，要分别从说话人和话题人物两个角度进行填写，填写时需要在称呼上做一定的转换。特别值得注意的是填空6，很多学习者容易填写「姉」（あね）。在日语中，「姉」（あね）一般用来表示同胞姐姐，而哥哥的妻子或妻子的姐姐、丈夫的姐姐，应该用「义理の姉」（ぎり あね）来表示。当然这是在外人面前对自己家庭成员的称呼，在家庭内部称呼哥哥的妻子或妻子的姐姐、丈夫的姐姐时，要用「お姉さん」（ねえ）。「义理の兄」（ぎり あに）「义理の妹」（ぎり いもうと）「义理の弟」（ぎり おとうと）的用法同上。

七、録音を聞いて、_____に適当な言葉を書き入れてください。録音は3回繰り返します。

MP3 5-1-07

听力原文及答案

皆さんは、マンガ『桜ちゃん』を知っていますか。今日は『桜ちゃん』の家族を紹介します。主人公の桜ちゃんは田中家の次女です。①なまえ（名前）は田中桜です。桜ちゃんは小学校3年生です。百合ちゃんは桜ちゃんの②おねえさん（お姉さん）で小学校6年生です。田中家の長女です。田中良子さんは桜ちゃんの③おかあさん（お母さん）で、主婦です。田中次郎さんは桜ちゃんの④おとうさん（お父さん）です。田中一郎さんは、次郎さんのお兄さんで、桜ちゃんの⑤おじさんです。

解析

（略）

5-2 父は会社員です

聞く前に

まず自分で確認しましょう。録音を聞いて質問に答えてみてください。 MP3 5-2-00

答案范例

1. 父はサラリーマンで、母は公務員です。
2. うちの会社の社長は田中一郎です。営業部の部長は田中次郎です。

基礎編

聞いて選びましょう

一、録音を聞いて、その内容と合っているものに〇を、違うものに×をつけてください。

MP3 5-2-01

听力原文

1. 女：この女の人は病院のお医者さんです。
2. 男：この人は美容院の美容師です。
3. 女：この男の人は料理人です。
4. 男：うちの姉は看護師ではありません。テニスの選手です。
5. 女：祖父は教師ではありません。銀行員でもありません。歯医者です。
6. 男：兄は漫画家ではありません。作家でもありません。バスの運転手です。

答案

1. ×　2. 〇　3. 〇　4. ×　5. 〇　6. 〇

解析

　　判断录音内容与图片表达内容是否一致。主要练习获取和职业相关的信息。

- 第1题图片所示内容的正确说法是「この女の人は病院の看護師です」。根据图中人物的穿着可推测为「看護師」（护士），与录音中的「医者」（医生）不符。日本法律规定，从2002年3月起「看護婦」（女护士）和「看護士」（男护士）统一称为「看護師」。
- 第2题需注意不要受到日语汉字的误导，日语的「美容院」和「美容師」分别对应中国的"发廊，理发店"和"理发师"。
- 第4题图片所示内容可以表述为「うちの姉はゴルフ選手です」。

二、会話を聞いて、その内容と合っている絵を選んでください。 MP3 5-2-02

🎧 **听力原文**

1. 女：太郎さんのお兄さんは野球選手ですか。

   男：いいえ、兄は野球選手ではありません。兄はテニス選手です。

   女：そうですか。お兄さんはテニス選手ですか。

2. 女：田中さんのお姉さんは公務員ですよね。

   男：いいえ、姉は公務員ではありません。研究者です。

   女：へえ、研究者ですか。すごいですね。

3. 女：鈴木さんの奥さんはケーキ屋さんですか。

   男：いいえ、家内はレストランの店員です。

   女：そうですか。

4. 男：佐藤さんのご主人はお医者さんですか。

   女：いいえ、医者ではありません。主人は看護師です。

   男：あっ、そうですか。最近男性の看護師も多いですね。

   女：そうですね。

✍ **答案**

1. B　2. A　3. B　4. A

💡 **解析**

　　根据录音内容选择相应的图片。解题方法是先判断A与B的区别，然后听录音进行辨别。重点听辨图片所涉及的职业，注意听肯定与否定的表达方式。

- 第1题中，A是「野球選手」（棒球选手），B是「テニス選手」（网球选手）。本题只需听懂否定回答「いいえ、兄は野球選手ではありません」（不，哥哥不是棒球选手），即可判断答案是B。
- 第3题中，A是「ケーキ屋の店員」（蛋糕店店员），B是「レストランの店員」（餐厅员工）。关键语句是「家内はレストランの店員です」（我妻子是餐厅员工）。
- 第4题中，A是「看護師」（护士），B是「医者」（医生）。关键在于听懂否定回答「いいえ、医者ではありません」（不，不是医生）。

三、次の会話は誰と誰の会話ですか。録音を聞いて、その内容と合っているものを選んでください。 MP3 5-2-03

🎧 **听力原文**

1. 男：鈴木さん、鈴木さんはどちらのご出身ですか。

   女：大阪です。劉さんは？

男：私は大連から来ました。

女：あ、そうですか。李さんも大連の出身ですよ。

2. 女：田中さん、林さんも1年生ですか。

男：えっ？林さん？ああ、林さんのことですね。林さんは1年生ではありません。2年生ですよ。

女：あ、そうですか。じゃ、私たちの先輩ですね。

3. 男：小林さん、ちょっと。

女：はい、社長。

男：これ、コピーをお願い。

女：はい、かしこまりました。

4. 女：先生、お願いします。

男：はい、どうしましたか。

女：あのう、ここが痛いんです。

答案

1. A 2. B 3. A 4. B

解析

判断录音内容与文字信息是否对应。通过听会话推测对话双方的身份或关系。

- 第1题的关键在于判断铃木是跟小刘说话还是跟小李说话。重点在于听出女生问「劉さんは？」（小刘你呢？）时，男生回答的是「私は…」，说明男生是小刘，故答案为A。

- 第2题中「私」和「田中さん」在讨论「林さん」，两人谈话中提到「じゃ、私たちの先輩ですね」（那他是我们的学长了），可知我和田中是同年级的同学，故答案为B。中国人姓林在日语中读作「林さん」，日本人姓林读作「林さん」。本题中的「林さん」和「林さん」实为一人，是那名女同学错把日本人的「林さん」读成了中国人的「林さん」。

- 第3题要判断这段会话是发生在「上司と部下」（上司与下属）之间还是「同僚同士」（同事）之间。本题可通过「社長」一词判断出两人的关系是上司与下属。「かしこまりました」属于职场用语，意思是"知道了，遵命"，通常用于职场中下属对上司的应答，以及服务行业中服务员对顾客的应答。日常生活中更常见的是「分かりました」。

- 第4题的关键是对「先生」一词的理解。「先生」是对别人的一种敬称，除了常用来称呼学校的「教師」（教师）以外，还可以用来称呼「医者」（医生）、「弁護士」（律师）、「議員」（议员）、「芸術家」（艺术家）等富有学识或修为的人。本题中女生说「先生、お願いします」（医生，请帮我看看），男生回答「はい、どうしましたか」（好的，哪里不舒服），再根据「ここが痛いんです」（这里疼）可推测是患者与医生的对话，故答案为B。此处的「んです」表示强调。

> **聞いて書き入れましょう**

四、会話を聞いて、例のように書いてください。 🎧 MP3 5-2-04

🎧 **听力原文**

例

男：山本さん、それは誰の写真ですか。

女：これは娘の写真です。

男：へえ、お嬢さんの写真ですか。お嬢さんは大学生ですよね。

女：いいえ、娘はもう学生ではありません。今は看護師です。

1. 男1：田中君、ご家族は何人？

男2：社長、うちは4人家族です。

男1：4人か。奥さんのお仕事は？

男2：家内は歯医者です。

2. 男：それ、息子さんの写真ですか。

女：ええ、そうです。

男：息子さんはバスの運転手ですよね。

女：いいえ、息子は運転手じゃありません。料理人です。

3. 女1：田中さんのご主人はサラリーマンですか。

女2：いいえ。主人はサラリーマンではありません。教師です。

女1：あ、そうですか。高校の先生ですか。大学の先生ですか。

女2：大学です。

📝 **答案**

1. はいしゃ（歯医者）　2. りょうりにん（料理人）

3. だいがくのきょうし/せんせい（大学の教師/先生）

💡 **解析**

　　听出有关人物职业或身份变化的信息，完成填空题。首先要注意阅读题目信息，明确问题的焦点所在，特别要注意表示时间的词语以及句尾的肯定与否定的表达方式。

- 第3题中值得注意的是，「先生（せんせい）」是对他人的敬称，因此向外人介绍自己或自己家人的职业是教师时，不能使用「先生（せんせい）」，而应该使用「教師（きょうし）」。

五、会話を聞いて、例のように書いてください。 🎧 MP3 5-2-05

🎧 听力原文

例

　　男：鈴木さんは大阪の人ですか。

　　女：いいえ、私は東京生まれ、東京育ちです。でも田中さんは大阪の人です。李さん
　　　　は？

　　男：私は大連生まれ、大連育ちです。

1. 男：先生、おはようございます。

　　女：李さん、おはよう。発音の練習ですか。いいですね。頑張ってください。

　　男：はい、頑張ります。

2. （敲门声）

　　男：はい、どうぞ。ああ、鈴木さん。

　　女：部長、ちょっとサインをお願いします。

　　男：はい。じゃ、ここね？

　　女：はい、そうです。そこです。

✎ 答案

1. せんせいとがくせい/せんせいとりさん（先生と学生/先生と李さん）

2. じょうしとぶか/ぶちょうとすずきさん（上司と部下/部長と鈴木さん）

💡 解析

　　听会话，判断说话人之间的关系。解题时可依据说话人彼此间的称呼以及话题内容进行判断。

• 第1题中「頑張ってください」（加油）这句话是日本人鼓励别人时常用的说法。除了这种表达方式之外，还有「頑張れ」（多用于男性）和「頑張ってね」（多用于女性）。回答多用「はい、頑張ります」（好的，我会努力的）。本题的解题关键是话题内容「発音の練習」和称呼语「先生」两处表述。

• 第2题中女性称男性为「部長」，听懂此词即可判断出这是上司（部长）与部下（铃木）的对话。另外，女性讲话使用了以「です」「ます」结尾的敬体，而男性却没有使用，由此可知两人是上下级关系。日本公司中上下级关系分明，下属对上司讲话必须恭敬。

応用編

聞いて書き入れましょう

六、録音を聞いて、図の内容を完成してください。 MP3 5-2-06

🎧 听力原文

　みなさま、こんにちは。営業部の山本ようこです。それでは、会社の人事をご紹介します。こちらはうちの会社の人事構成図です。一番上は田中一郎です。田中一郎は社長です。田中次郎は営業部の部長です。経営企画部の部長は鈴木りょうです。総務経理部の部長は山田たけしです。山岡かずおは営業部の課長です。

✍ 答案

1. しゃちょう（社長）　　2. えいぎょう（営業）　　3. ぶちょう（部長）

4. やまだたけし（山田たけし）　　5. かちょう（課長）

💡 解析

　听录音完成图表中的填空内容。解题前要仔细看图表，明确听力任务，关注关键信息。

　本题中的图表是一个日本公司内部人事关系的简图，要求填写人名、职务名称、部门名称等。录音内容以图表最下方的「山本ようこ」的视角展开，从公司最上层的「社長」（总经理）开始介绍。「社長」是最高责任人，其次是「部長」。「課長」是很常见的一个职务，负责管理、监督职员工作。

七、録音を聞いて、＿＿＿＿に適当な言葉を書き入れてください。録音は3回繰り返します。

MP3 5-2-07

🎧✍ 听力原文及答案

　私は田中たけしです。今年①21さい（21歳）で、文学部の2年生です。私は5人家族で、父、母、兄、妹と私です。父は今年54歳で、バスの②うんてんしゅ（運転手）です。母は50歳で、病院の看護師です。母の③しごと（仕事）はちょっとたいへんです。兄は私より3歳④としうえ（年上）で、美容院の美容師です。妹は2歳⑤としした（年下）で、高校3年生です。

💡 解析

　（略）

練習問題

問題一、絵を見て、正しい答えをA、B、Cの中から一つ選んでください。 MP3 5-3-01

1.

（　　）

2.

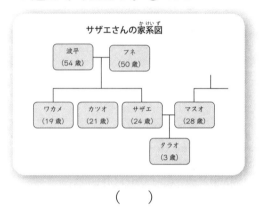

（　　）

問題二、絵を見て、正しい答えをA、B、C、Dの中から一つ選んでください。 MP3 5-3-02

1.

A

B

C

D

2.

A

B

C

D

問題三、録音を聞いて、A、B、C、Dの中から正しい答えを一つ選んでください。 MP3 5-3-03

1. (　　　　)
   A 一人（ひとり）っ子（こ）です。　　B 2人兄弟（ふたりきょうだい）です。　　C 3人兄弟（さんにんきょうだい）です。　　D 4人兄弟（よにんきょうだい）です。

2. (　　　　)
   A 5人家族（ごにんかぞく）　　B 6人家族（ろくにんかぞく）　　C 7人家族（ななにんかぞく）　　D 8人家族（はちにんかぞく）

問題四、次の問題には絵はありません。録音を聞いて、正しい答えを一つ選んでください。

MP3 5-3-04

1. (　　　　)　　　2. (　　　　)　　　3. (　　　　)　　　4. (　　　　)

問題五、録音を聞いて、次の文を完成してください。録音は3回繰り返します。 MP3 5-3-05

　　私（わたし）は①＿＿＿＿＿＿＿のキムです。うちは両親（りょうしん）、兄（あに）、姉（あね）、弟（おとうと）と私（わたし）の6人（にん）の大家族（だいかぞく）です。今（いま）、家族全員（かぞくぜんいん）②＿＿＿＿＿＿＿をしています。父（ちち）は63歳（さい）で、韓国（かんこく）のLL通信会社（つうしんがいしゃ）の③＿＿＿＿＿＿＿です。母（はは）は58歳（さい）で、大学教師（だいがくきょうし）です。そして、兄（あに）は父（ちち）の会社（かいしゃ）の営業（えいぎょう）④＿＿＿＿＿＿＿です。姉（あね）は医者（しゃ）で、弟（おとうと）は美容師（びようし）です。私（わたし）は今（いま）、東京（とうきょう）にいます。⑤＿＿＿＿＿＿＿をしています。

解答

問題一、絵を見て、正しい答えをA、B、Cの中から一つ選んでください。 MP3 5-3-01

🎧 **听力原文**

1. これは何の写真ですか。
    A　それは山下の会社の写真です。
    B　それは山下のご家族の写真です。
    C　それは山下の海の写真です。
2. これはサザエさんの家系図です。正しい説明はどれですか。
    A　カツオはマスオの弟です。
    B　カツオはワカメの弟です。
    C　カツオはサザエの弟です。

✍ **答案**

1. B　2. C

問題二、絵を見て、正しい答えをA、B、C、Dの中から一つ選んでください。 MP3 5-3-02

🎧 **听力原文**

1. 男の人が女の人と話しています。男の人のお母さんはどんな仕事をしていますか。
    男：林さんのお母さんとお姉さんのお仕事は何ですか。
    女：母はレストランで仕事をしています。姉は看護師です。張さんのお母さんとお姉さん
    　　はどんなお仕事をしていますか。
    男：母も姉も医者です。
    女：ええ？すごいですね。
    男：いいえ、そんなことはありません。
2. 女の人が自分の家族について話しています。女の人のお兄さんはどの人ですか。
    女：初めまして、田中のりこです。父はサラリーマンで、母は美容師です。兄はパイロッ
    　　トで、姉はピザの店でアルバイトをしています。どうぞよろしくお願いします。以上
    　　です。

✍ **答案**

1. B　2. B

問題三、録音を聞いて、Ａ、Ｂ、Ｃ、Ｄの中から正しい答えを一つ選んでください。 MP3 5-3-03

🎧 **听力原文**

1. 山田さんは何人兄弟ですか。

   男：張さんは何人家族ですか。

   女：3人家族です。父、母と私です。

   男：ああ、張さんは一人っ子ですか。

   女：はい、そうです。山田さんは何人家族ですか。

   男：4人家族です。父、母、兄、それから私です。

   山田さんは何人兄弟ですか。

2. 李さんは何人家族ですか。

   男：この写真は李さんのご家族の写真ですか。

   女：はい、そうです。

   男：本当に大家族ですね。

   女：ええ。祖父、祖母、父、母、姉、それに私です。私は末っ子で、弟も妹もいません。

   李さんは何人家族ですか。

✍ **答案**

1. B　2. B

問題四、次の問題には絵はありません。録音を聞いて、正しい答えを一つ選んでください。

MP3 5-3-04

🎧 **听力原文**

1. 男の人と女の人が話しています。女の人のお姉さんは何歳ですか。

   男：キムさんのお兄さんは何歳ですか。

   女：兄は25歳です。

   男：お姉さんはおいくつですか。

   女：姉は兄の3歳下です。

   男：じゃ、お姉さんは…。

   女の人のお姉さんは何歳ですか。

   Ａ　20歳です。　　　Ｂ　22歳です。　　　Ｃ　23歳です。　　　Ｄ　25歳です。

2. 男子学生が友達について話しています。田中さんは何人家族ですか。

   男：それでは、友達の田中さんを紹介します。田中さんは小学校の時からの友達です。
   　　今、東京大学の1年生です。3人兄弟の末っ子で、お兄さんもお姉さんも東京大学の
   　　出身です。ご両親は東京大学の教師です。

田中さんは何人家族ですか。

A　3人家族です。　　B　4人家族です。　　C　5人家族です。　　D　6人家族です。

3. 良子さんの弟さんは何年生ですか。

男：これは良子さんのご家族の写真ですか。

女：ええ、そうです。

男：こちらは弟さんですか。

女：ええ、一番下の弟です。

男：弟さんは大学生ですか。

女：いいえ、弟は大学生じゃありません。今年16歳で、高校2年生です。

良子さんの弟さんは何年生ですか。

A　大学1年生です。　B　大学2年生です。　C　高校1年生です。　D　高校2年生です。

4. 山田さんはどこの出身ですか。

男：鈴木さんは大阪の人ですか。

女：いいえ、私は東京生まれ、京都育ちです。でも田中さんは大阪の人です。山田さんは？

男：私は神戸生まれ、神戸育ちです。

山田さんはどこの出身ですか。

A　大阪　　　　　　B　東京　　　　　　C　京都　　　　　　D　神戸

答案

1. B　2. C　3. D　4. D

問題五、録音を聞いて、次の文を完成してください。録音は3回繰り返します。 MP3 5-3-05

听力原文及答案

　私は①かんこくじん（韓国人）のキムです。うちは両親、兄、姉、弟と私の6人の大家族です。今、家族全員②しごと（仕事）をしています。父は63歳で、韓国のLL通信会社の③しゃちょう（社長）です。母は58歳で、大学教師です。そして、兄は父の会社の営業④ぶちょう（部長）です。姉は医者で、弟は美容師です。私は今、東京にいます。⑤エンジニアをしています。

第6課

数字

6-1 佐藤さんの携帯番号は何番ですか

聞く前に

まず自分で確認しましょう。録音を聞いて質問に答えてみてください。 MP3 6-1-00

答案范例

1. 田中さんの電話番号は090-8955-7423です。
2. 渡辺さんの座席番号は12号車6番B席です。
3. 日本では、火事の時は119番に電話します。

基礎編

▶ 聞いて選びましょう

一、録音を聞いて、その内容と合っているものに○を、違うものに×をつけてください。

MP3 6-1-01

🎧 听力原文

1. 女：京都○○大学の電話番号は075-753-7531です。

2. 男：これは佐藤さんの携帯番号です。080-2312-7526です。

3. 女：山口先生の部屋番号は210号室です。220ではありません。

4. 男：大連○○大学の郵便番号は116004です。

5. 女：鈴木さんの学籍番号は1211208です。

6. 男：王さんの受験番号はPM216です。206ではありません。

📝 **答案**

1. ○　2. ×　3. ○　4. ○　5. ○　6. ○

💡 **解析**

　　判断录音内容与图片表达内容是否一致。着重听录音中出现的数字是否与图中数字一致。同时要注意「〜ではありません」表示否定之意。

- 第2题图片所示内容的正确说法是「080-2312-1526です」。日本的手机号码是11位，分别以070、080和090开头，后面的数字自由组合，如：090-1234-5678。在中国打日本的电话号码应去掉号码的第一个0后，在最前面加拨日本的国际区号"0081"，如：0081-90-1234-5678。

二、会話を聞いて、その内容と合っている絵を選んでください。 🎧 MP3 6-1-02

🎧 **听力原文**

1. 女：すみません、陳さんの部屋番号は何番ですか。

　　男：ええと、1302号室です。

　　女：1302号室ですね。どうも。

2. 男：あのう、日本では、火事の時は何番に電話しますか。

　　女：火事の時ね、119番ですよ。

　　男：へえ、119番ですか。中国と同じですね。

3. 男：佐藤さんの携帯番号、知っていますか。

　　女：090の3464の（男：はい）5619です。

　　男：090の3464の5619ですね。

　　女：そうです。

4. 女：すみません、パスポート番号は何番ですか。

　　男：パスポートですね。えっと、Gの0125の6004です。

　　女：Gの0125の6004ですね。ありがとうございました。

📝 **答案**

1. A　2. B　3. A　4. A

💡 **解析**

　　根据录音内容选择相应的图片。解题方法是先判断A与B的区别，然后听录音进行辨别。重点听辨图片所涉及的数字。

- 第2题中A是116，B是119。「１１９番」在日本既是火警电话，又是急救电话，因此拨打「１１９番」时，要先说清楚是「火事」（火灾）还是「救急車を呼びたい」（希望叫救护车）。「１１６番」是NTT的热线电话，处理电话、网络等业务。此外「１１０番」是报警电话。

- 第4题中A是G01256004，B是G01256014。注意听录音中的最后两个数字是「０４」还是「１４」。

三、番号は何番ですか。録音を聞いて、その内容と合っているものを選んでください。 ⒨3 6-1-03

🎧 **听力原文**

1. 女：すみません、大阪府西区の郵便番号は何番ですか。

   男：西区ですね。ええと、550の0012です。

   女：550の0022…。

   男：いいえ、0012ですよ。

   女：0012ですね。ありがとうございました。

2. 女：ABC会社の電話番号は何番ですか。

   男：ABC会社は…。ええと、092の435の0001、092の435の0001です。

   女：0が3個ですね（男：はい）。ありがとうございました。

3. 男：斉藤さんの学籍番号は何番ですか。

   女：13-386-89です。

   男：13-386-89…。じゃあ、経済学部の新入生ですね。

   女：はい、そうです。

4. 男：はい、番号案内センターです。

   女：あのう、お客様センターの電話番号は何番ですか。

   男：はい、お客様センターですね。少々お待ちください。よろしいですか。（女：はい）078の382の8686です。

   女：078の382の8686ですね。ありがとうございました。

✎ **答案**

1. A　2. A　3. A　4. B

💡 **解析**

　　判断录音内容与文字信息是否对应。重点听题目涉及的各种号码信息。

- 第2题要注意听最后的两个数字是「０１」还是「１１」。「０が３個です」（3个0），说明1前面是3个0，所以是「０００１」。

> ## 聞いて書き入れましょう

四、次は電話番号やファックス番号などについての内容です。会話を聞いて、例のように書いてください。 (MP3 6-1-04)

🎧 **听力原文**

例

　　女：すみません、渡辺さんの家は何番ですか。

　　男：ええと、011の864の（女：はい）3831です。

　　女：011の864の3831ですね。ありがとうございました。

1. 男：すみません、入国管理局の電話番号は何番ですか。

　　女：え？入国管理局？ああ、入管ね。ええと、5408の7829です。

　　男：5408の7289…。

　　女：いいえ、7829ですよ。

　　男：7829ですね。（女：はい）分かりました。どうも。

2. 女：すみません、北海道○○大学の教務課は何番ですか。

　　男：教務課ですね。048の891の（女：はい）5763です。

　　女：891の5763ですね。

　　男：そうです。

3. 女：すみません、あのう、国際交流センターのファックスは何番ですか。

　　男：国際交流センターですか。（女：ええ）ええと、584の（女：584の）8595です。

　　女：8595…。584の8595ですね。どうもありがとうございます。

📝 **答案**

1. 5408-7829　2. 048-891-5763　3. 584-8595

💡 **解析**

　　听出会话中有关电话号码、传真号码等的信息，完成填空题。

　　日本的电话号码书写时经常用"–"将城市号码、区号和最终号码这几段号码隔开，如"03–5652–0617"。发音时"–"可以读成「の」，也可以略作停顿表示间隔。日语中习惯两拍两拍的发音，因此电话或传真号码等数字连读时，经常会将一拍的音拖长一拍来发音，如"2、4、5、9"发音为「にい・しい・ごう・くう」。另外，"0"可以发音为「ゼロ」或「れい」。

五、次は郵便番号や受験番号などのいろいろな番号についての内容です。会話を聞いて、例のように書いてください。 MP3 6-1-05

🎧 听力原文

例

女：すみません、東京○○大学文学部の郵便番号は何番ですか。

男：文学部ですか。えっと、文学部…、あ、113の0033です。

女：113の0033ですね。どうもありがとうございました。

1. 女：あのう、斉藤さんの受験番号はAP422ですよね。

　　男：いいえ、違いますよ。AP412です。

　　女：412ですか。分かりました。

2. 女：あなた、このスーツケースの暗証番号、何番でしたっけ？

　　男：あ、僕の誕生日ですよ。0629…。

　　女：そうですね。あなたの誕生日ですね。

3. 女：田村さんの健康保険証の番号は何番ですか。

　　男：健康保険証？えっと、0101の0011です。

　　女：へえ、0101の0011。覚えやすいですね。

　　男：そうですね。

✎ 答案

1.受験　AP412　2.暗証　0629　3.健康保険証　0101-0011

💡 解析

　　听出会话中谈及的准考证号、密码等各种号码的信息，完成填空内容。一般日语会话中涉及到数字、号码等信息时，经常会有确认环节，可以在解题时通过会话中的确认环节来确定答案。

应用編

▶ 聞いて書き入れましょう

六、録音を聞いて、絵の内容を完成してください。 MP3 6-1-06

🎧 听力原文

　　秋は紅葉の季節です。おすすめの紅葉スポットは京都の清水寺です。京都市東山区清水1丁目294にあります。お問い合わせ番号は075-551-1234です。075-551-1234です。皆さんのお越しを心よりお待ちしております。

答案

1. 1　294　2. 075-551-1234

解析

听录音完成图片中的填空内容。解题前要仔细看图，明确听力任务，关注关键信息。

本题图片是一幅「紅葉スポット」（红叶景点）的「ポスター」（宣传海报），要求填写「所在地」（所在地）和「お問い合わせ番号」（咨询电话号码）等信息。图片信息中的「丁目」并不是指一条路，而是指小范围的区域划分，类似于汉语里"街""胡同"的概念。日本地址的表达方式通常是「区-丁目-番-号」。

七、録音を聞いて、＿＿＿＿に適当な言葉を書き入れてください。録音は3回繰り返します。

MP3 6-1-07

听力原文及答案

留学生の皆さん、こんにちは。私は国際交流①センターの本村です。私の事務室は三階の②303号室です。電話番号は③891-0385、ファックス番号は④891-0376です。私の携帯は080-⑤1424-7156です。何かあったら、ご連絡ください。

解析

（略）

6-2 この絵葉書は1枚いくらですか

聞く前に

まず自分で確認しましょう。録音を聞いて質問に答えてみてください。 MP3 6-2-00

答案范例

1. 鈴木さんは3階の会議室にいます。
2. 100円の切手を5枚ください。
3. このみかんは1箱1,500円です。

基礎編

> **聞いて選びましょう**

一、録音を聞いて、その内容と合っているものに○を、違うものに×をつけてください。

MP3 6-2-01

听力原文

1. 男：これはみかんです。5つのみかんです。
2. 女：これはノートです。2冊のノートです。
3. 男：これはタオルセットです。4枚で1,000円です。
4. 女：これは犬です。3匹の犬です。
5. 男：これはジュースです。2杯ではありません。5杯です。
6. 女：これは靴下です。3足の靴下です。色は同じではありません。

答案

1.× 2.○ 3.○ 4.○ 5.× 6.○

解析

　　判断录音内容与图片表达内容是否一致，主要练习如何说物品名称与数量。

- 第1题图片所示内容的正确说法是「これは柿です。5つの柿です」。录音中说的是「みかん」（橘子），而不是「柿」（柿子）。
- 第5题图片所示内容的正确说法是「これはジュースです。2杯です」。注意听辨「2杯」（两杯）和「5杯」（5杯）的发音区别。

二、何を、いくつ買いますか。会話を聞いて、その内容と合っている絵を選んでください。

MP3 6-2-02

🎧 听力原文

1. 男：すみません、ハンバーガーを3つください。

　　女：はい、2つですね…。

　　男：いいえ、3つですよ。

　　女：3つですね。少々お待ちください。

2. 男：すみません、この絵葉書を6枚ください。

　　女：はい、6枚ですね。申し訳ございませんが、今2枚しかありません。

　　男：そうですか。じゃ、2枚でいいですよ。

3. 女：すみません、ジュースを3本ください。

　　男：はい、3本ですね。あの、お客さん、このジュースは1本150円ですが、4本なら400円でお得ですよ。

　　女：あ、そうですか。じゃ、4本お願いします。

4. 女：このみかん、いくらですか。

　　男：一山2キロで1,000円、一箱5キロで2,000円です。

　　女：じゃ、一箱お願いします。

✍ 答案

1. B　2. A　3. A　4. B

💡 解析

　　根据录音内容选择相应的图片。解题方法是先判断A与B的区别，然后听录音进行辨别。重点听辨购买的物品名称和数量。

- 第1题中两张图片上食物的日语名称发音很接近。A是「2つのハンバーグ」（两个牛肉饼），B是「3つのハンバーガー」（3个汉堡），所以不仅可以通过数字，还可以通过食物名称选出正确答案为B。
- 第2题中，A是「2枚」（2张），B是「6枚」（6张）。会话中的「じゃ」（那么）表示做出最后决定，可知此后的信息是答案，故答案为A。
- 第3题中，A是「4本」（4瓶），B是「3本」（3瓶）。与上题一样，「じゃ、4本お願いします」（那么，请给我4瓶）是关键信息，故答案为A。
- 第4题中，A是「一山」（一堆），B是「一箱」（1箱）。会话中的「じゃ」（那么）表示做出最后决定，可知此后的信息是答案，故答案为B。

三、録音を聞いて、その内容と合っているものを選んでください。 MP3 6-2-03

🎧 听力原文

1. 女：あのう、このビール、10本ください。

   男：ああ、申し訳ございませんが、今、8本しかありません。

   女：じゃあ、全部お願いします。

2. 男：すみません、このりんごを4つください。

   女：はい、8つですね。

   男：いいえ、違います。4つですよ。

3. 男：すみません、このタオルを3枚ください。

   女：はい、3枚で2,100円です。

   男：えー、1枚600円じゃないんですか。

   女：いいえ、違います。1枚700円ですよ。

   男：あ、そうですか。じゃあ、2枚お願いします。

4. 男：この絵葉書は1枚いくらですか。

   女：それは3枚で200円です。

   男：それではこれを6枚ください。

   女：6枚ですね。かしこまりました。

✍ 答案

1. A　2. A　3. B　4. B

💡 解析

　　判断录音内容与文字信息是否对应。重点听会话中涉及的物品数量。

- 第1题中，店员说「申し訳ございません」（对不起），向顾客表示歉意，说明满足不了顾客提出的「10本」（10瓶）的要求，所以正确答案应该在后面的信息中寻找。另外，在服务行业中店员跟顾客说话时应该使用敬语。

- 第2题中要求听出是「4つ」（4个）还是「8つ」（8个）。「いいえ、違います」表示"不是，错了"，其后的信息「4つ」（4个）就是答案。

- 第3题的录音中「じゃあ」（那么）后面出现的数量「2枚」（两张）即为答案。

- 第4题的难点在于要做简单计算。因为「3枚で200円」（3张是200日元），所以「6枚」（6张）应该是「400円」（400日元）。

▶ **聞いて書き入れましょう**

四、次は買い物についての内容です。会話を聞いて、例のように書いてください。 🎧 MP3 6-2-04

🎧 **听力原文**

例▶

　　男：このみかんを6つください。

　　女：えっ、いくつですか。3つですか。

　　男：いいえ、6つです。

1. 男：すみません、このハンカチを5枚ください。

　　女：はい、5枚ですね。少々お待ちください。

2. 男：いらっしゃい、いらっしゃい。

　　女：あのう、そのトマト、いくらですか。

　　男：1個60円です。

　　女：じゃ、それ、6個ください。

3. 女：いらっしゃいませ。

　　男：あのう、紅茶、3杯お願いします。

　　女：3杯ですね。はい、どうぞ。

✍ **答案**

1. ハンカチ　5枚　2. トマト　6個　3. 紅茶　3杯

💡 **解析**

　　听出会话中有关物品名称和数量的信息，完成填空题。日语会话中谈及数量、价格等数字信息时，一般会再次确认。

五、会話を聞いて、例のように書いてください。 🎧 MP3 6-2-05

🎧 **听力原文**

例▶

　　男：すみません、このチョコレートケーキ、いくらですか。

　　女：800円です。

　　男：じゃ、1つください。

　　女：かしこまりました。1,000円お預かりします。

1. 男：すみません、チーズバーガーをください。

　　女：はい、チーズバーガーですね。

男：いくらですか。

女：750円です。

男：じゃ、1つお願いします。

2. 男：すみません、アイスコーヒーをください。

　　女：はい、アイスコーヒーですね。

　　男：いくらですか。

　　女：450円です。

　　男：はい、500円でお願いします。

3. 男：すみません、サンドイッチありますか。

　　女：はい、あります。

　　男：じゃ、3つください。

　　女：はい、1,380円です。ありがとうございます。

4. 女：あのう、ドーナツを5つください。

　　男：はい、5つですね。1,100円です。

　　女：はい、1,500円でお願いします。

　　男：はい、1,500円お預かりします。少々お待ちください。400円のお返しです。どう
　　　　もありがとうございました。

5. 男：あのう、すみません、ビーフカレーをください。

　　女：はい、1,050円です。

　　男：1,100円でお願いします。

　　女：はい、1,100円お預かりします。少々お待ちください。50円のお返しになります。
　　　　どうもありがとうございました。

答案

1. チーズバーガー　750円　2. アイスコーヒー　450円　3. サンドイッチ　1,380円

4. ドーナツ　1,100円　　　5. ビーフカレー　1,050円

解析

　　听出会话中涉及的商品名称和价格等信息，完成填空内容。例题中「～お預かりします」的意思是"收您……（钱）"，是店员接到顾客的钱时说的话。找钱时说「～のお返しです」或「～のお返しになります」。

応用編

聞いて書き入れましょう

六、録音を聞いて、絵の内容を完成してください。 MP3 6-2-06

🎧 听力原文

　　これは冬の温泉ツアーの案内です。このツアーは定員は20名です。大人1人の旅行代金は一泊12,000円で、朝食付きは14,500円です。子どもは半額です。お申し込み番号は0866-99-1273です。冬休み、ご家族の皆さんと一緒に温泉を楽しみませんか。

✍ 答案

1. 20　2. 12,000　3. 0866-99-1273

💡 解析

　　听录音完成图片中的填空内容。解题前要仔细看图，明确听力任务，关注关键信息。

　　本题中的图片是一张旅行社旅游产品的宣传海报，要求填写的信息主要有人数、费用和电话号码。在旅游产品的相关说明中，有关时间和饮食的说明多用「～泊<ruby>泊<rt>はく/ぱく</rt></ruby>　～日<ruby>日<rt>か/にち</rt></ruby>、～食<ruby>食<rt>しょく</rt></ruby>付き」（……天……夜，带……餐）的表述。「旅行代金<ruby>旅行代金<rt>りょこうだいきん</rt></ruby>」表示"旅游费用"，「定員<ruby>定員<rt>ていいん</rt></ruby>」表示"成团人数"，「お申し込み番号<ruby>番号<rt>もうこばんごう</rt></ruby>」表示"咨询电话号码"。

七、録音を聞いて、＿＿＿＿＿に適当な言葉を書き入れてください。録音は3回繰り返します。

MP3 6-2-07

🎧✍ 听力原文及答案

　　今日は皆さんにカレーライスの材料をご紹介します。カレールーは1箱で、約①250グラムですね。肉は②500グラムくらいです。そして、野菜ですが、たまねぎは③3個、じゃがいもは④4個、にんじんは⑤1本です。最後は水ですね。水は⑥7カップです。さあ、皆さんもご家族やお友達と作ってみましょう。

💡 解析

　　（略）

練習問題

問題一、絵を見て、正しい答えをA、B、Cの中から一つ選んでください。 MP3 6-3-01

1.

（　　　）

2.

（　　　）

問題二、絵を見て、正しい答えをA、B、C、Dの中から一つ選んでください。 MP3 6-3-02

1.

A

B

C

D

2.

募集
アルバイト
△時給：800 円
△土・日いずれか１日を含む、
週３日以上勤務できる方
Tel. 03-3572-0002

A

募集
アルバイト
△時給：900 円
△土・日いずれか１日を含む、
週３日以上勤務できる方
Tel. 03-3572-0002

B

募集
アルバイト
△時給：1,000 円
△土・日いずれか１日を含む、
週３日以上勤務できる方
Tel. 03-3572-0002

C

募集
アルバイト
△時給：1,100 円
△土・日いずれか１日を含む、
週３日以上勤務できる方
Tel. 03-3572-0002

D

問題三、録音を聞いて、A、B、C、Dの中から正しい答えを一つ選んでください。 MP3 6-3-03

1. (　　　　　)
　　A　1階　　　　　　B　2階　　　　　　C　3階　　　　　　D　4階

2. (　　　　　)
　　A　20円です。　　B　100円です。　　C　120円です。　　D　300円です。

問題四、次の問題には絵はありません。録音を聞いて、正しい答えを一つ選んでください。
　　　MP3 6-3-04

1. (　　　　)　　　　2. (　　　　)　　　　3. (　　　　)　　　　4. (　　　　)

問題五、録音を聞いて、次の文を完成してください。録音は3回繰り返します。 MP3 6-3-05

　　昨日生協のスーパーに行きました。果物をたくさん買いました。１キロ300円のみかんを
①＿＿＿＿＿＿、１つ100円のりんごを②＿＿＿＿＿＿買いました。みかんが③＿＿＿＿＿＿
円、りんごが④＿＿＿＿＿＿円でちょうど⑤＿＿＿＿＿＿円、消費税が140円、全部で⑥＿＿＿
＿＿＿＿円でした。

解答

問題一、絵を見て、正しい答えをA、B、Cの中から一つ選んでください。 MP3 6-3-01

🎧 **听力原文**

1. 正しい説明は何ですか。
   A 中田さんの電話番号は123-4567です。
   B 中田さんの郵便番号は123-4567です。
   C 中田さんの電話番号は048-268-7400です。
2. このアルバイトの応募電話は何番ですか。
   A 076-246-8708　　B 076-249-8708　　C 076-246-8808

✍ **答案**

1. B　2. A

問題二、絵を見て、正しい答えをA、B、C、Dの中から一つ選んでください。 MP3 6-3-02

🎧 **听力原文**

1. 男の人は何を、いくつ買いましたか。
   男：すみません。
   女：はい、いらっしゃいませ。
   男：あのう、ハンバーグ、ください。
   女：すみません。ハンバーグは売り切れですが…。
   男：あー、そうですか。じゃあ、どうしようかな。
   女：サンドイッチかおにぎりはいかがですか。
   男：じゃあ、おにぎり、4つください。
   女：はい、4つですね。少々お待ちください。
2. 2人が話しています。バイトの時給はいくらですか。
   男：お出かけですか。
   女：ええ、バイトの面接なんです。
   男：バイト？連休なのに？
   女：ええ、連休だから、給料がいいんです。
   男：ふうん。時給、いくら？
   女：1,000円。普通は800円なんです。
   男：へえ、悪くないね。

✍ **答案**

1. D　2. C

問題三、録音を聞いて、A、B、C、Dの中から正しい答えを一つ選んでください。 🎧MP3 6-3-03

🎧 **听力原文**

1. ネクタイ売り場は何階ですか。

    男：すみません、ネクタイ売り場は何階ですか。

    女：あ、ネクタイ売り場は3階ですよ。ここは4階ですから、1階下です。

    男：1階ですか。

    女：いいえ、3階です。

    男：はい、分かりました。

    ネクタイ売り場は何階ですか。

2. お店の人と女の人が話しています。女の人は全部で、いくら払いましたか。

    男：このりんご、3個で300円、安いよ。

    女：じゃあ、それ1個ください。えーと、100円よね、はい。

    男：お客さん、これ、1個だと120円なんだよ。3個なら、安いよ。どう？

    女：うーん、やっぱり1個でいいわ。じゃあ、はい、あと20円ね。

    男：はいはい。

    女の人は全部で、いくら払いましたか。

✍ **答案**

1. C　2. C

問題四、次の問題には絵はありません。録音を聞いて、正しい答えを一つ選んでください。

🎧MP3 6-3-04

🎧 **听力原文**

1. 前村さんの家の電話番号は何番ですか。

    男：すみませんが、前村さんの家の電話番号は何番ですか。

    女：前村さんの家？えっと、664の9064です。

    男：9046…。

    女：いいえ、9064ですよ。

    男：そうですか。分かりました。どうも。

    前村さんの家の電話番号は何番ですか。

    A　664-9064　　　B　664-9046　　　C　664-0964　　　D　664-0946

2. 李さんの受験番号は49番です。李さんの試験会場はどこですか。

    次は試験会場の説明です。1番から30番の方は121号室、31番から60番の方は309号室、61番から90番の方は214号室にあります。よろしくお願いいたします。

    李さんの試験会場はどこですか。

    A　121号室　　　B　309号室　　　C　214号室　　　D　412号室

3. 中村さんの学籍番号は何番ですか。

　　男：中村さんの学籍番号は何番ですか。

　　女：21-012-0815です。

　　男：21-012-0815…。じゃあ、文学部の2年生ですね。

　　女：はい、そうです。

　　中村さんの学籍番号は何番ですか。

　　A　21-002-0815　　B　21-012-0815　　C　21-022-0815　　D　21-012-0825

4. 男の人は絵葉書を何枚買いましたか。

　　男：すみません、この絵葉書を5枚ください。

　　女：はい、5枚で1500円です。

　　男：えっ、1枚200円じゃないんですか。

　　女：いいえ、違います。1枚300円ですよ。

　　男：あ、そうですか。じゃあ、3枚お願いします。

　　男の人は絵葉書を何枚買いましたか。

　　A　1枚　　　　　　　B　2枚　　　　　　　C　3枚　　　　　　　D　4枚

答案

1. A　2. B　3. B　4. C

問題五、録音を聞いて、次の文を完成してください。録音は3回繰り返します。 MP3 6-3-05

听力原文及答案

　　昨日生協のスーパーに行きました。果物をたくさん買いました。1キロ300円のみかんを①2キロ、1つ100円のりんごを②8つ買いました。みかんが③600円、りんごが④800円でちょうど⑤1,400円、消費税が140円、全部で⑥1,540円でした。

第7課

日にち・時間

7-1 お誕生日はいつですか

聞く前に

まず自分で確認しましょう。録音を聞いて質問に答えてみてください。 MP3 7-1-00

答案范例

1. 今年は2023年で、令和5年です。私は平成17年生まれです。
2. 今は10月です。
3. 私の誕生日は10月24日です。
4. 中国ではこどもの日は6月1日です。日本ではこどもの日は5月5日です。

基礎編

聞いて選びましょう

一、録音を聞いて、その内容と合っているものに○を、違うものに×をつけてください。

MP3 7-1-01

听力原文

1. 女：この年は令和元年です。
2. 女：この年は2014年です。
3. 男：この年は1985年です。
4. 女：この日は1月1日です。
5. 男：この日は6月3日です。

6. 男：この日は7月15日です。

答案

1.○ 2.× 3.○ 4.○ 5.× 6.×

解析

　　判断录音内容与图片表达内容是否一致。主要练习如何用日语说年份和日期，要学会日本年号与公历的换算（如第1题～第3题）。换算公式：昭和年份=公历年份–1925（例：昭和50年=1975–1925）；平成年份=公历年份–1988（例：平成25年=2013–1988）；令和年份=公历年份–2018（例：令和3年=2021–2018）

- 第2题图片所示内容的正确说法是「この年は2013年です」。平成25年应是公历2013年。
- 第5题图片所示内容的正确说法是「この日は6月2日です」。
- 第6题图片所示内容的正确说法是「この日は8月15日です。日本人の墓参りの日です」。

二、会話を聞いて、その内容と合っている絵を選んでください。 MP3 7-1-02

听力原文

1. 男：日本のこどもの日はいつですか。6月1日ですか。

　　女：いいえ、6月1日ではありません。5月5日です。

　　男：へえ、そうですか。

2. 女：「勤労感謝の日」は日本の祝日ですね。それは5月1日ですか。

　　男：いいえ、11月23日です。

3. 男：日本の文化の日はいつですか。

　　女：11月3日です。4日ではありません。

4. 女：スポーツの日はいつですか。

　　男：ええ、10月の第2月曜日ですよ。今年は14日です。

　　女：10月14日ですね。

　　男：はい、そうです。

答案

1.A 2.B 3.A 4.B

解析

　　根据录音内容选择相应的图片。解题方法是先判断A与B的区别，然后听录音进行辨别。听时要听清楚日期以及肯定和否定的表达方式。

- 第1题对话涉及中日两国的儿童节信息：中国是6月1日，日本是5月5日。
- 第2题涉及的文化信息是：中国的劳动节是5月1日，日本的勤劳感恩节是11月23日。
- 第3题提及日本文化节是11月3日。「4日ではありません」（不是4日）否定了4日这一信息。

- 第4题重复确认了今年是14日。日本的「スポーツの日{び}」（体育节）是「１０月の第２月曜日{じゅうがつ　だいにげつようび}」（10月的第2个星期一）。

三、録音を聞いて、その内容と合っているものを選んでください。 MP3 7-1-03

🎧 **听力原文**

1. 男：今日は何月何日ですか。

   女：7月6日です。7月です。

2. 女：お誕生日はいつですか。

   男：11月9日です。11月の9日です。

3. 男：休みは4月4日ですか。8日ですか。

   女：8日です。4日ではありません。

4. 女：今日は10月8日ですか。

   男：いいえ、8日ではありません。10日ですよ。

📝 **答案**

1.B　2.A　3.B　4.A

💡 **解析**

　　判断录音内容与文字信息是否对应。重点听题目中涉及的日期信息。

- 第1题要听辨月份8月（「はちがつ」）和7月（「しちがつ」）的发音。
- 第2题要听辨日期9日（「ここのか」）和5日（「いつか」）的发音。
- 第3题要听辨日期4日（「よっか」）和8日（「ようか」）的发音。
- 第4题要听辨日期10日（「とおか」）和8日（「ようか」）的发音，重点是听出否定表达方式「～ではありません」。

▶ 聞いて書き入れましょう

四、会話を聞いて、例のように書いてください。 MP3 7-1-04

🎧 **听力原文**

例

　　男：日本の文化の日はいつですか。

　　女：11月3日です。祝日ですから、休みです。

　　男：そうですか。（↓）

1. 女：すみません、海の日はいつですか。

　　男：7月の第3月曜日です。ええと、今年は7月15日です。

　　女：7月15日ですか。じゃ、あと1か月ですね。（↓）

　　男：そうですね。

2. 女：日本のお正月は1月1日ですが、中国は？

　　男：中国ではお正月は春節ですね。旧暦の1月1日です。ええと、今年の春節は2月10日です。

　　女：そうですか。2月10日ですか。

3. 男：鈴木さんは何年生まれですか。

　　女：私ですか。昭和50年ですから、1975年です。

　　男：1975年生まれは兎年ですね。

　　女：そうです。

答案

1. 7　15　　2. 2　10/旧暦の1　1　　3. 1975/昭和50

解析

　　听出会话中有关日期的信息，完成填空题。本题听力要点是排除干扰信息，听出关键信息。

• 第1题的关键信息是「7月15日」。

• 第2题涉及中日正月的对比，中国的春节是「旧暦1月1日～3日」（农历一月一日至三日），日本的正月是1月1日。对话中提到今年中国的春节是2月10日。

• 第3题的关键信息是「1975年」或「昭和50年」。

五、会話を聞いて、例のように書いてください。 MP3 7-1-05

听力原文

例

　　男：試験はいつからですか。

　　女：1月6日からです。

　　男：いつまでですか。

　　女：ええと、10日までです。

1. 男：大学祭はいつですか。

　　女：10月8日から10日までです。

　　男：10月8日からですか。

　　女：ええ、10日までです。

2. 男：今度の修学旅行はいつからいつまでですか。

　　女：7月6日から9日までです。

　　男：7月ですか。

　　女：はい、6日から9日までです。

3. 男：ゴールデンウィークはいつからいつまでですか。

　　女：ゴールデンウィークですか。4月29日から5月5日までです。

　　男：へえ、4月29日からですか。

　　女：ええ、5月5日までです。ちょうど一週間のお休みです。

4. 男：佐藤さん、今年は平成何年ですか。

　　女：ええと、今年は2019年ですから、平成31年ですよ。でも…。

　　男：でも？

　　女：でもね、今年の5月1日から令和元年ですよ。

　　男：へえ、そうですか。

📝 **答案**

1. 10　8　10　2. 7　6　9　3. 4　29　5　5　4. 31年　令和元年

💡 **解析**

　　听出会话中有关时间的信息，完成填空内容。解题前要先阅读题目，明确听力任务。有关数字的内容，日语会话中多会重复确认一次，在解题时可以通过确认环节确定最终答案。

- 第1题至第3题要注意表示时间起止的表达方式「～から～まで」。
- 第4题的关键信息是「平成31年」和「令和元年」。

応用編

聞いて書き入れましょう

六、録音を聞いて、次のカレンダーの内容を完成してください。 MP3 7-1-06

🎧 **听力原文**

　　これは今年の5月のカレンダーです。4月29日からの1週間はゴールデンウィークです。5月3日は「憲法記念日」です。その次の日は4日で「みどりの日」です。5日は「こどもの日」です。これらの日は全部日本の祝日です。

📝 **答案**

1. 憲法記念日　2. みどりの日　3. こどもの日

解析

听录音完成图片中的填空内容。解题前要先仔细看图，明确听力任务，关注关键信息。

本题图片中是一个5月份的「カレンダー」（日历）。5月份是日本各种「祝日」（节日）、「連休」（长假）相对集中的月份。此部分录音内容集中介绍了日本的4月末至5月初的「ゴールデンウィーク」（黄金周）、5月3日的「憲法記念日」、5月4日的「みどりの日」、5月5日的「こどもの日」。

对于外语学习者而言，对对象国的文化、风俗习惯、人文历史等知识的积累，是快速、准确听出相关信息、促进交流的重要前提条件，在外语学习中要特别注意这一点。

七、録音を聞いて、_____に適当な言葉を書き入れてください。録音は3回繰り返します。

MP3 7-1-07

听力原文及答案

今日は①4月28日、木曜日です。来週の木曜日は②5月5日で、私の誕生日です。私の誕生日はこどもの日と同じ日です。でも、私は来週から③18歳になりますから、もうこどもではなくて、大人です。

解析

（略）

7-2 今何時ですか

聞く前に

まず自分で確認しましょう。録音を聞いて質問に答えてみてください。 MP3 7-2-00

答案范例

1. 今日は火曜日です。
2. 今、10時5分です。
3. 午前中の授業は午前8時半からです。午後は4時15分までです。今は1時5分過ぎです。

基礎編

聞いて選びましょう

一、録音を聞いて、その内容と合っているものに○を、違うものに×をつけてください。

MP3 7-2-01

听力原文

1. 男：時間は3時です。
2. 女：時間は10時5分です。
3. 男：今はちょうど9時です。
4. 男：今は昼の12時ちょうどです。
5. 女：今は12時半です。
6. 男：今は午後1時半ぐらいです。午後1時36分です。

答案

1. ○　2. ×　3. ○　4. ×　5. ○　6. ×

解析

　　判断录音内容与图片表达内容是否一致。听录音前要先快速确认每幅图中的时间信息。

- 第2题图片所示内容的正确说法是「時間は10時10分ぐらいです」。
- 第4题图片所示内容的正确说法是「今は11時57分です」。「12時ちょうど」表示正好12点钟。

二、会話を聞いて、その内容と合っている絵を選んでください。 MP3 7-2-02

🎧 **听力原文**

1. これはバスの時刻表です。二人の会話はどちらについてですか。

   男：すみません、今、何時ですか。

   女：ええと、今、7時5分です。

   男：じゃ、次のバスは7時11分ですね。

2. 銀行は何時から何時までですか。

   男：あのう、銀行は何時から何時までですか。

   女：はい、午前9時から午後3時までです。

   男：はい？（↑）午前9時から…。

   女：午前9時から午後3時までです。

3. 英語の授業は何時からですか。

   男：李さん、明日の1限目は何の授業ですか。

   女：ええと、日本語ですよ。

   男：その次は？

   女：2限目ですね。英語です。

   男：2限目は10時ちょうどからですね。

   女：いいえ、15分からですよ。

   男：分かりました。ありがとう。

4. 今日は何時の電車ですか。

   男：あ、田中さん、おはようございます。

   女：おはようございます。

   男：いつもこの時間ですか。

   女：いいえ、いつもは1時間後の8時4分の電車です。

✏️ **答案**

1. B　2. A　3. B　4. A

💡 **解析**

　　根据录音内容选择相应的图片。解题方法是先判断A与B的区别，然后听录音进行辨别。重点听时间信息。

• 第1题中，A和B是日本公共汽车站牌上的本站发车时刻表。本题的关键语句是「次（つぎ）のバスは7時（じ）11分（じゅういっぷん）ですね」（下趟车是7点11分），故答案为B。日本的公交车每站都有该站发车的时刻表，方便乘客了解准确的发车时间。

- 第2题要听辨出结束时间是「3時」（3点）还是「5時」（5点）。本题介绍了日本银行对外窗口的营业时间，日本的银行对外窗口业务到下午3点结束，3点以后的存取款、转账等业务都只能在自动柜员机上完成。当银行自动柜员机关闭后，顾客还可以到便利店的自动柜员机上取款，但需支付一定金额的手续费。
- 第3题要求听清「英語の授業」（英语课）是「10時」（10点）还是「10時15分」（10点15分）开始。
- 第4题要求听清是「7時4分」（7点4分）还是「8時4分」（8点4分）。本题的关键语句是「いいえ、いつもは1時間後の8時4分の電車です」（不，平时都坐1小时后8点4分的电车），即本次乘坐的电车是7点4分的，故答案为A。「いつも」表示平时、通常之意。

三、録音を聞いて、その内容と合っているものを選んでください。 MP3 7-2-03

🎧 听力原文

1. 男：会社は何時から何時までですか。

　女：午前8時半から午後5時までです。

2. 男：図書館の休館日はいつですか。

　女：毎週の月曜日です。月曜日は休みです。

3. 女：待ち合わせの時間は何時ですか。

　男：ええと、今7時半でしょう。あと15分ですから、まだ大丈夫です。

4. 女：先生、あと何分ですか。

　男：あと10分です。

📝 答案

1. B　2. A　3. B　4. A

💡 解析

判断录音内容与文字信息是否对应。重点听问题涉及的内容。

- 第1题重点听辨开始时间是「8時」（8点）还是「8時半」（8点半）。
- 第2题中「休館日」即"闭馆不对外营业的日期"。本题重点是听懂「月曜日」（星期一）的说法。中国国家图书馆的闭馆日是每周一，日本东京的「国立国会図書館」（国立国会图书馆）闭馆日是每周日、法定节假日及休息日、年末年初、每月第3个星期三。
- 第3题重点听辨是「7時半」（7点半）还是「7時45分」（7点45分）。本题重点是要听懂「あと15分」（还有15分钟）。
- 第4题重点听「10分」（10分钟）。

聞いて書き入れましょう

四、会話を聞いて、例のように時間を書いてください。 MP3 7-2-04

听力原文

例

男：すみません、今、何時ですか。

女：ええと、7時25分です。

男：7時25分ですか。ありがとうございました。

1. 女：すみません。

　　男：はい。

　　女：今、何時でしょうか。

　　男：ええと、今、9時5分前です。

　　女：えっ？9時5分ですか。

　　男：いいえ、9時5分前です。

2. 男：すみません、今、何時ですか。

　　女：6時45分です。

　　男：はっ？

　　女：6時45分です。

3. 男：よしこさん、今、何時ですか。

　　女：もう10時半ですよ。

　　男：そうか、10時半か。

　　女：はい、おやすみなさい。

　　男：おやすみなさい。

答案

1.8時55分/9時5分前　2.6時45分　3.10時半

解析

　　听出会话中有关时间的信息，完成填空题。解题时要注意表示说话人态度的表述，如「はい」或「いいえ」等。

• 第1题中的「～分前」表示离正点还差几分钟。「9時5分前」表示离9点还差5分钟，即8点55分。解题关键是最后两句「えっ？9時5分ですか」「いいえ、9時5分前です」。

五、会話を聞いて、例のように書いてください。 (MP3 7-2-05)

🎧 **听力原文**

例

男：聴解の授業は何曜日ですか。

女：聴解は月曜日と金曜日です。

男：全部午後ですね。

女：ええ。

1. 女：すみません、この近くの郵便局は何時から何時までですか。

　　男：郵便局は午前9時から午後5時までですが、ゆうちょ銀行は午後3時までです。

　　女：郵便局は5時まで、ゆうちょ銀行は3時までですね。

　　男：そうです。

　　女：ありがとうございました。

2. 男：授業の時間ですが、李さんの大学では1時限何分間ですか。

　　女：授業の時間ですか。うちの大学では1時限45分です。日本の大学はどうですか。

　　男：日本の大学では1時限90分です。高校は1時限50分ですけど。

　　女：そうですか。ちょうどうちの大学の倍の時間ですね。

3. 男：李さんは毎日授業がありますか。

　　女：いいえ、水曜日は授業がありません。毎週4日間授業があります。

　　男：そうですか。いいですね。まる一日休みですね。

　　女：ええ。一日自由です。

📝 **答案**

1. 午前9　午後5　午前9　午後3　2. 45　90　3. 水曜日

💡 **解析**

　　听出会话中有关时间的信息，完成填空内容。解题前要先阅读题目，明确具体的听力任务。

- 第1题中出现了「郵便局」（邮局）一词，日本的邮局主要有两个业务窗口，一个是「郵便窓口」（邮递窗口），办理邮递业务，一个是「貯金窓口」（储蓄窗口），办理邮储业务。各地邮局的营业时间略有不同，邮递业务通常营业到下午5点，但邮储窗口通常只营业到下午3点或4点。「郵便窓口」属于「日本郵便」（日本邮便株式会社），「貯金窓口」属于「ゆうちょ銀行」（邮储银行株式会社）。

- 第3题中的「まる一日休み」表示一整天都休息。

応用編

聞いて書き入れましょう

六、録音を聞いて、表の内容を完成してください。 MP3 7-2-06

听力原文

　こちらは今学期の授業の時間割表です。基礎日本語は月曜日から金曜日まで、毎朝の1限目です。日本語聴解は火曜日の2限目と木曜日の3限目です。哲学は月曜日の2限目で、国語は水曜日の2限目です。体育は金曜日の3限目です。

答案

1.基礎日本語　2.国語　3.日本語聴解　4.体育

解析

　听录音完成表格中的填空内容。解题前要仔细读表，明确听力任务，关注关键信息。

　本题中的表格是学生的「時間割表」（课程表）。表格中的提示信息有「1限目」「2限目」「3限目」，分别指学校里的第1节课、第2节课、第3节课。

七、録音を聞いて、＿＿＿＿に適当な言葉を書き入れてください。録音は3回繰り返します。
MP3 7-2-07

听力原文及答案

　では、これから試験の①時間と場所を説明します。日本語の試験は103教室で、②9時から始まります。そのあと、同じ教室で③10時半からは英語の試験です。哲学の試験は④204教室で午後1時から始まります。歴史は午後2時40分から⑤4時までです。

解析

　（略）

練習問題

問題一、絵を見て、正しい答えをA、B、Cの中から一つ選んでください。 MP3 7-3-01

1.

8月14日

阿波踊り

（　　）

2.

（　　）

問題二、絵を見て、正しい答えをA、B、C、Dの中から一つ選んでください。 MP3 7-3-02

1.

北京 10:16 今日	東京 11:16 今日
A	B

ニューヨーク 22:16 昨日	パリ 4:16 今日
C	D

2.

15:50	15:55
A	B

16:00	16:05
C	D

問題三、録音を聞いて、A、B、C、Dの中から正しい答えを一つ選んでください。 MP3 7-3-03

1. (　　　　)

　A　8日と10日　　　　B　9日と10日　　　　C　9日と18日　　D　9日と28日

2. (　　　　)

　A　水曜日の午前8時　　　　　　　　　B　水曜日の午後8時

　C　木曜日の午前8時　　　　　　　　　D　木曜日の午後8時

問題四、次の問題には絵はありません。録音を聞いて、正しい答えを一つ選んでください。

　　　　MP3 7-3-04

1. (　　　　)　　　　2. (　　　　)　　　　3. (　　　　)　　　　4. (　　　　)

問題五、録音を聞いて、次の文を完成してください。録音は3回繰り返します。 MP3 7-3-05

　私の学校は朝①＿＿＿＿＿＿＿からです。午前は②＿＿＿＿＿＿までです。お昼は③＿＿＿＿＿
＿＿だけです。午後は1時から④＿＿＿＿＿＿までです。毎日日本語の授業があります。夜はい
つも⑤＿＿＿＿＿＿にいます。寮の門限の時間は夜⑥＿＿＿＿＿＿です。

105

解答

問題一、絵を見て、正しい答えをA、B、Cの中から一つ選んでください。 MP3 7-3-01

🎧 **听力原文**

1. これはいつの何という行事の写真ですか。
   A　花見の時の阿波踊りの写真
   B　海の日の阿波踊りの写真
   C　お盆の時の阿波踊りの写真
2. これは何の写真ですか。
   A　授業の時の教室の写真
   B　休みの時の教室の写真
   C　昼ご飯の時の食堂の写真

✍ **答案**

1. C　2. A

問題二、絵を見て、正しい答えをA、B、C、Dの中から一つ選んでください。 MP3 7-3-02

🎧 **听力原文**

1. 女の人の国は今何時ですか。
   男：今、そっちは何時？
   女：10時16分。
   男：北京も今10時16分だよ。
   女：でも、そっちは午前でしょ？こっちは夜の10時16分よ。
   男：そうか。ちょうど12時間の差ですね。
2. 男の人と女の人が話しています。今何時ですか。
   男：すみません、今何時ですか。
   女：もうすぐ4時ですよ。
   男：えっ？もう4時ですか。
   女：ええ、あと5分で4時です。
   男：そうですか。（↓）ありがとうございます。

✍ **答案**

1. C　2. B

問題三、録音を聞いて、A、B、C、Dの中から正しい答えを一つ選んでください。 MP3 7-3-03

🎧 **听力原文**

1. 図書館の休みの日はいつですか。

男：来月図書館の休みはいつですか。

女：第3水曜日と祝日です。

男：そうですか。じゃ、来月は10月ですから、第3水曜日は18日で、休みですね。

女：はい、そうです。それから、9日はスポーツの日ですから、その日も休みです。

図書館の休みの日はいつですか。

2. 会議はいつですか。

男：会議だけど、何曜日がいい？

女：水曜日か木曜日はいいけど。

男：じゃ、今週の水曜日はどう？

女：OK。じゃ、時間は？

男：午後8時からはどう？

女：いいよ。午後8時。20時ね。

会議はいつですか。

📝 **答案**

1. C 2. B

問題四、次の問題には絵はありません。録音を聞いて、正しい答えを一つ選んでください。

MP3 7-3-04

🎧 **听力原文**

1. 日本の小学校の入学式はいつですか。

男：王さん、中国の小学校の入学式はいつごろですか。

女：だいたい9月1日です。中国は秋入学です。つまり、秋からの入学ですね。

男：そうですか。（↓）日本では春の4月からですけど。

日本の小学校の入学式はいつですか。

A 4月 　　　　　　B 6月 　　　　　　C 9月 　　　　　　D 10月

2. 李さんのお誕生日はいつですか。

女：李さん、お誕生日はいつですか。

男：10月1日です。

女：そうですか。（↓）ちょうど中国の国慶節で、休みですね。

男：そうですね。

女：私はその日旅行の予定です。

李さんのお誕生日はいつですか。

A 9月1日 　　　　B 10月1日 　　　　C 10月2日 　　　　D 11月1日

3. 鈴木さんは何年生まれですか。

　　男：鈴木さんは何年生まれですか。

　　女：私ですか。平成16年生まれです。

　　男：ええと、平成16年は2004年ですね。私は2005年ですけど。

　　女：そうですか。じゃ、私が一つ上ですね。

　　鈴木さんは何年生まれですか。

　　A　平成4年　　　　　B　平成5年　　　　C　2004年　　　　D　2005年

4. 英語の授業は何時からですか。

　　男：李さん、明日の1限目は何の授業ですか。

　　女：ええと、日本語ですよ。

　　男：その次は？

　　女：2限目ですね。英語です。

　　男：2限目は10時からですね。

　　女：いいえ、15分からですよ。

　　男：分かりました。ありがとう。

　　英語の授業は何時からですか。

　　A　9時45分　　　　B　10時　　　　　C　10時15分　　　　D　10時半

🖉 答案

1. A　2. B　3. C　4. C

問題五、録音を聞いて、次の文を完成してください。録音は3回繰り返します。 MP3 7-3-05

🎧🖉 听力原文及答案

　　私の学校は朝①8時半からです。午前は②12時までです。お昼は③1時間だけです。午後は1時から④4時半までです。毎日日本語の授業があります。夜はいつも⑤図書館にいます。寮の門限の時間は夜⑥10時です。

第8課

位置

8-1 田中先生の研究室はどこにありますか

聞く前に

まず自分で確認しましょう。録音を聞いて質問に答えてみてください。MP3 8-1-00

答案范例

1. スーパーは銀行の隣にあります。
2. 私の大学に、教室、図書館、体育館、食堂などがあります。

基礎編

> 聞いて選びましょう

一、録音を聞いて、その内容と合っているものに○を、違うものに×をつけてください。
MP3 8-1-01

🎧 听力原文

1. 女：ソファーの上に猫と犬がいます。

2. 男：教室に先生と学生がいます。

3. 女：机の上には花瓶はありません。

4. 男：池の中に魚がたくさんいます。

5. 女：椅子の下に猫がいます。

6. 男：かばんの中には何もありません。

答案

1. ○　2. ×　3. ×　4. ○　5. ×　6. ○

解析

　　判断录音内容与图片表达内容是否一致。主要学习日语中表示位置的存在句「～に（は）～があります/います」以及该句型否定的表达方式「～に（は）～がありません/いません」。要求能够听出方位信息以及辨别是肯定表达还是否定表达。

- 第2题图片所示内容的正确说法是「教室に誰もいません」。
- 第3题图片所示内容的正确说法是「机の上に花瓶があります」。
- 第5题图片所示内容的正确说法是「椅子の上に猫がいます」。

二、会話を聞いて、その内容と合っている絵を選んでください。 MP3 8-1-02

听力原文

1. 男：教室の中に誰かいますか。

　　女：いいえ、誰もいません。

2. 女：田中さん、ここはどこですか。

　　男：病院です。

3. 男：王さんの部屋にパソコンがありますか。

　　女：はい、ありますよ。

4. 女：財布にコインがありますか。

　　男：ええ、100円玉が2つあります。

答案

1. A　2. B　3. B　4. B

解析

　　根据录音内容选择相应的图片。解题方法是先判断A与B的区别，然后听录音进行辨别。

- 第1题要求判断教室里有没有人。
- 第2题要求判断建筑物是「店」（商店）还是「病院」（医院）。
- 第3题要求找出房间里设施的差异。
- 第4题要求判断是「500円玉」（500日元的硬币）还是「100円玉」（100日元的硬币）。

三、録音を聞いて、その内容と合っているものを選んでください。 MP3 8-1-03

听力原文

1. 男：すみません、さくらデパートはどこにありますか。

女：駅の東口にあります。

2. 男：あのう、靴売り場はどこにありますか。

　　女：2階にあります。

3. 男：すみません、花屋はどこですか。

　　女：このスーパーの入口にあります。

4. 男：あのう、すみません。この近くに郵便局がありますか。

　　女：郵便局ですか。あそこにコンビニがありますね。その隣にあります。

答案

1. B　2. A　3. B　4. B

解析

　　判断录音内容与文字信息是否对应。重点听事物的位置、肯定和否定的表达方式。

聞いて書き入れましょう

四、会話を聞いて、例のように書いてください。 MP3 8-1-04

听力原文

例

　　男：学校には図書館がありますか。

　　女：ありますよ。

　　男：どこにありますか。

　　女：体育館の左側にあります。

1. 女：この大学に留学生がいますか。

　　男：いますよ。

　　女：どこの国の留学生ですか。

　　男：日本やロシアの留学生です。

2. 女：すみません、田中先生の研究室はどこにありますか。

　　男：中国語学科の田中先生ですか。

　　女：はい、そうです。

　　男：ええと、3階にあります。302号室です。

　　女：どうもありがとう。

3. 男：すみません、この図書館にコピー機がありますか。

女：コピー機ですか。1階にあります。1階のカウンターの横にあります。

男：1階のカウンターの横ですね。ありがとうございます。

🖊 答案

1. 日本　ロシア　2. 3階/302号室　3. カウンターの横

💡 解析

　　听出会话中与存在句相关的信息，如人或物存在于何处、某处有何物或何人等内容，并完成填空题。解题关键是要关注会话中使用的存在句「～は～にあります/います」和「～に～があります/います」，如例题中的「体育館の左側にあります」。

• 第1题中「日本やロシアの留学生です」是解题关键。

五、会話を聞いて、例のように書いてください。 MP3 8-1-05

🎧 听力原文

例

男：ここはどこですか。

女：ここですか。学食です。

男：学食？（↑）

女：学生の食堂です。ここには日本料理、中華料理、イタリア料理があります。

男：そうですか。いいですね。

1. 女1：あれ、（↑）教室に誰もいませんね。

　　女2：ああ、ほんとだ。

　　女1：ああ、そうだ。今日は大学祭だから、みんなは体育館にいますよ。

2. 男：あのう、すみません、『菊と刀』という本はどこにありますか。

　　女：あそこに本棚が2つありますね。あの左側の上から3段目にありますよ。

　　男：左側の棚の上から3段目ですね。ありがとうございます。

3. 女：すみません、電子辞書、ありますか。

　　男：あの机の上ですよ。

　　女：机の上、ありませんね。

　　男：そうですか。ああ、ここです。かばんの中にありました。はい、どうぞ。

　　女：ありがとう。

4. 男：すみません、このAランチに何がありますか。

　　女：Aランチですか。親子丼、漬物と味噌汁です。

　　男：じゃ、Bランチは？（↑）

女：Bランチは焼き魚、納豆、味噌汁とご飯です。

男：Aランチは親子丼で、Bランチは焼き魚ですね。

女：はい、そうです。

男：じゃ、Bランチ、お願いします。

答案

1. 体育館　2. 3段目　3. かばんの中　4. Bランチ

解析

听出存在场所及所在位置等信息，完成填空内容。解题前先阅读题目，明确听力任务。

- 第1题中的「大学祭」是指日本大学里每年秋季举办的校园文化活动，相当于我国学校里的校园文化节。
- 第2题中的『菊と刀』（《菊与刀》）是美国学者鲁思·本尼迪克特运用文化人类学的原理分析日本民族特征的一部经典著作，国内有多部中文译本。
- 第4题中，「ランチ」意思是午餐，日本的餐馆为了方便客人点餐，把不同套餐命名为「Aランチ」「Bランチ」等说法。可以翻译成"A套餐""B套餐"。

応用編

聞いて書き入れましょう

六、録音を聞いて、絵の内容を完成してください。 MP3 8-1-06

听力原文

私は中国からの留学生です。私の部屋はマンションの2階にあります。部屋は洋室です。部屋に台所とトイレがあります。ベッドは南側にあります。机と椅子は西側にあります。部屋にはパソコンはありますが、テレビはありません。トイレにユニットバスがあります。洗濯機はベランダにあります。

答案

1. ベッド　2. 机と椅子　3. ユニットバス　4. 洗濯機

解析

听录音完成图片中的填空内容。解题前要仔细看图，明确听力任务，关注关键信息。

本题中的图片是一个房间格局的平面简图，日语说法为「平面図」或「間取り図」。本题的解题关键是熟悉室内的摆放物及「東・南・西・北」（东南西北）等方位的说法。「ユニットバス」指"整体卫浴"。

七、録音を聞いて、_____に適当な言葉を書き入れてください。録音は3回繰り返します。

MP3 8-1-07

🎧📝 **听力原文及答案**

　　ここは私の学校です。私の学校は①<u>駅の近く</u>にあります。学校のすぐ隣には本屋があります。学校の中には教室棟、管理棟、②<u>図書館</u>、体育館などがあります。体育館の③<u>南側</u>には運動場があります。私たちの教室は教室棟の1階にあります。2階には④<u>保健室</u>、音楽室があります。⑤<u>会議室</u>は3階にあります。

💡 **解析**

　　（略）

8-2 動物園にパンダがいます

聞く前に

まず自分で確認しましょう。録音を聞いて質問に答えてみてください。 MP3 8-2-00

答案范例

1. （略）
2. うちの近くのデパートは4階建てです。地下1階は食品売り場で、日本の納豆もあります。1階は化粧品売り場です。2階は婦人服売り場で、3階は紳士服売り場です。4階には文具売り場と時計売り場があります。

基礎編

聞いて選びましょう

一、録音を聞いて、その内容と合っているものに○を、違うものに×をつけてください。
MP3 8-2-01

听力原文

1. 女：家の前に踏切があります。
2. 男：公園には誰もいません。
3. 女：商店街には人がたくさんいます。
4. 男：エレベーターの中に人がいます。
5. 女：道路にたくさんの車があります。
6. 男：この駅に電車があります。

答案

1. ○　2. ○　3. ×　4. ×　5. ×　6. ×

解析

判断录音内容与图片表达内容是否一致。主要学习日语中表示事物存在的表达方式。

- 第3题图片所示内容的正确说法是「この商店街には誰もいません」。
- 第4题图片所示内容的正确说法是「エレベーターの中には誰もいません」。
- 第5题图片所示内容的正确说法是「この道路に車がありません」。
- 第6题图片所示内容的正确说法是「この駅には電車がありません」。

二、会話を聞いて、その内容と合っている絵を選んでください。 MP3 8-2-02

听力原文

1. 男：ここはどこですか。

   女：交番です。

2. 女：上野動物園にパンダがいますか。

   男：はい、いますよ。

3. 男：すみません、この近くに本屋がありますか。

   女：はい、公園の近くに大きな本屋があります。

4. 女：遊園地は楽しいですね。特にジェットコースターはよかったですね。

   男：そうですね、今度また一緒に遊びに来ましょう。

答案

1. B　2. A　3. A　4. A

解析

　　根据录音内容选择相应的图片。解题方法是先判断A与B的区别，然后听录音进行辨别。重点听辨图片所涉及的信息。

- 第1题中，A是「店」（商店），B是「交番」（派出所）。
- 第2题中，A是「パンダ」（熊猫），B是「虎」（老虎）。
- 第3题中，A是「本屋」（书店），B是「花屋」（花店）。
- 第4题中，A是「ジェットコースター」（过山车），B是「部屋の中」（室内）。

三、録音を聞いて、その内容と合っているものを選んでください。 MP3 8-2-03

听力原文

1. 女：体育館にプールがありますか。

   男：はい、ありますよ。

2. 男：教室に誰がいますか。

   女：ええ、田中さんと王さんがいますけど。

3. 男：あのう、田中先生の研究室はどこですか。

   女：この建物の5階です。

   男：ありがとう。

4. 男：あのう、王さんはいませんか。

   女：王さんですか。王さんは今食堂に。

   男：ああ、どうも。

5. 男：かばんの中に何かありますか。

女：はい、あります。日本語の本とノートがあります。

答案

1. A　2. A　3. B　4. B　5. B

解析

　　判断录音内容与文字信息是否对应。本题重点听问题涉及的主要内容。

- 第1题要求判断有无游泳池。

- 第2题要求判断教室里有没有人。A表示有人在，B表示没有人在。答句中说「田中さんと王さんがいますけど」（田中和小王在），故答案是A。

- 第3题要求判断田中老师的研究室在「6階」（6楼）还是「5階」（5楼）。

- 第4题要求判断小王在「教室」（教室）还是在「食堂」（食堂）。录音中的「今食堂に」是「今食堂にいます」（现在在食堂）的省略。

- 第5题要求判断书包里的东西是「英語の本」（英语书）还是「ノート」（记事本）。录音中说「日本語の本とノートがあります」（有日语书和笔记本），故答案为B。

聞いて書き入れましょう

四、会話を聞いて、例のように書いてください。 MP3 8-2-04

听力原文

例

　　男：もしもし、鈴木さんですか。

　　女：はい、あ、山田さん。今どこですか。

　　男：駅の前です。

1. 男：あのう、すみません。お手洗いはどこですか。

　　女：あそこにエスカレーターがありますね。

　　男：ええ。

　　女：お手洗いはあの後ろです。

2. 女：すみません、東北銀行はどこでしょうか。

　　男：東北銀行ですか。あそこに信号がありますね。その信号の手前にあります。

　　女：次の信号ですね。ありがとうございました。

3. 男：王さん、デパートはどこにありますか。

　　女：デパートは映画館の隣です。

男：デパートに果物がありますか。

女：ありますよ。地下1階の食品売り場にあります。

🖊 **答案**

1. エスカレーターの後ろ　2. 信号の手前　3. 地下1階の食品売り場

💡 **解析**

　　听出会话中有关存在场所的信息，并完成填空题内容。解题的关键是要关注表示存在的句型「～にあります/います」和「～は～です」的使用，如例题中的「駅の前です」部分。

- 第1题中的「お手洗い」是洗手间的意思。洗手间也可以说成「トイレ」。
- 第2题中的「信号の手前」是"信号灯前"的意思。

五、会話を聞いて、例のように書いてください。 MP3 8-2-05

🎧 **听力原文**

例

女：お国はどちらでしょうか。

男：中国です。

女：中国のどちらですか。

男：上海です。

1. 女：これはどこの写真ですか。

　　男：東京です。

　　女：へえ、東京ですか。東京には観光スポットがたくさんありますね。

　　男：そうですね。浅草寺、東京タワーなどがとても人気ですね。

2. 男：あそこは何の店ですか。

　　女：どこですか。

　　男：ほら、花屋と本屋の間の店ですよ。

　　女：ああ、あれですか。あれは猫カフェです。中には猫がたくさんいますよ。

　　男：へえ！（↑）

3. 女：あのう、すみません。たまごはありませんか。

　　男：はい。あそこに野菜コーナーがありますね。

　　女：はい。

　　男：たまごはその裏側にあります。

　　女：ああ、どうもありがとう。

4. 男：すみません。この近くにごみ置き場はありませんか。

　　女：はい、ありますよ。あそこに駐車場がありますよね。

　　男：はい。

　　女：ごみ置き場はその隣です。

　　男：分かりました。ありがとうございました。

答案

1. 浅草寺　東京タワー　2. 猫カフェ　3. 野菜コーナー　4. 駐車場

解析

　　听出会话中有关场所、地点等的信息，完成填空题。解题前要先阅读题目，预测任务相关信息出现的位置。听时要注意表示存在的句型。

- 第1题中的「観光スポット」是"旅游景点"之意。「浅草寺」（浅草寺）和「東京タワー」（东京塔）是东京有代表性的两个景点。
- 第2题中的「猫カフェ」是店内养着多只猫的咖啡馆。这种咖啡馆的主要目的是为顾客提供与猫亲密接触的休闲空间。

応用編

聞いて書き入れましょう

六、それぞれ誰の部屋ですか。録音を聞いて、絵の内容を完成してください。 MP3 8-2-06

听力原文

　　ここは私のマンションです。このマンションは3階建ての建物です。私の部屋は3階の真ん中にあります。私の1階下の部屋はデージーさんです。彼女はアメリカ人です。デージーさんの北側は田中さんです。田中さんは商社のサラリーマンです。私の北側には誰もいません。南側は中島さんです。中島さんは大阪大学の2年生です。中島さんの下は竹下さんです。竹下さんは銀行員です。

答案

1. 中島さん　2. 竹下さん　3. デージーさん　4. 田中さん

解析

　　听录音完成图片中的填空内容。解题前要仔细看图，明确听力任务，关注关键信息。

　　本题图片是一幅公寓的平面布局图，录音内容为该布局图的说明，以"我"的视角做介绍。注意听表示位置关系的词语，边听录音边在横线处填写房间主人的名字。

七、録音を聞いて、＿＿＿＿に適当な言葉を書き入れてください。録音は3回繰り返します。

MP3 8-2-07

听力原文及答案

　　ここはデパートです。デパートにはいろいろなものがあります。食品売り場は①地下1階にあります。バッグ、②アクセサリー、化粧品などは1階にあります。③紳士服は2階で、婦人服は3階です。子供服やおもちゃなどは4階です。5階には④生活雑貨があります。そして、⑤屋上にはくつろぎスペースがあります。

解析

　　（略）

練習問題

問題一、絵を見て、正しい答えをA、B、Cの中から一つ選んでください。 MP3 8-3-01

1.

（　　）

2.

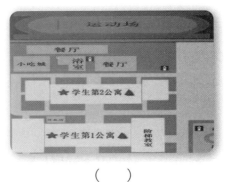

（　　）

問題二、絵を見て、正しい答えをA、B、C、Dの中から一つ選んでください。 MP3 8-3-02

1.

（　　）

2.

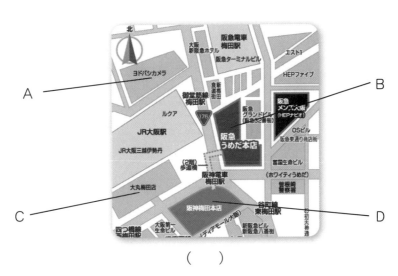

（　　）

問題三、録音を聞いて、A、B、C、Dの中から正しい答えを一つ選んでください。 MP3 8-3-03

1.（　　　　）
A　1階（いっかい）　　　　B　2階（にかい）　　　　C　3階（さんがい）　　　　D　4階（よんかい）

2.（　　　　）
A　花屋（はなや）　　　　B　本屋（ほんや）　　　　C　ペットショップ　　　D　猫カフェ（ねこ）

問題四、次の問題には絵はありません。録音を聞いて、正しい答えを一つ選んでください。
MP3 8-3-04

1.（　　　）　　　　2.（　　　）　　　　3.（　　　）　　　　4.（　　　）

問題五、録音を聞いて、次の文を完成してください。録音は3回繰り返します。 MP3 8-3-05

　　私（わたし）のマンションは①＿＿＿＿＿＿＿駅（えき）の近（ちか）くにあります。マンションの②＿＿＿＿＿＿＿に大（おお）きいスーパーがあります。③＿＿＿＿＿＿＿にパン屋（や）や、花屋（はなや）などがあります。④＿＿＿＿＿＿＿に郵便局（ゆうびんきょく）、銀行（ぎんこう）もあります。マンションの後（うし）ろは⑤＿＿＿＿＿＿＿です。とても便利（べんり）です。

解答

問題一、絵を見て、正しい答えをA、B、Cの中から一つ選んでください。 MP3 8-3-01

🎧 **听力原文**

1. カップの中に何がいますか。

 A　猫です。　　　　B　兎です。　　　　C　犬です。

2. 運動場はどこにありますか。

 A　レストランの裏側です。

 B　銭湯の隣です。

 C　階段教室の左側です。

✍ **答案**

1. B　2. A

問題二、絵を見て、正しい答えをA、B、C、Dの中から一つ選んでください。 MP3 8-3-02

🎧 **听力原文**

1. 男の人の部屋はどれですか。

 男：あそこが私のアパートです。2階建てです。

 女：そうですか。山田さんの部屋はどれですか。

 男：私の部屋は2階にあります。あの階段のところです。

 女：ちょうど2階の真ん中にありますね。洋子の家はその右ですか。

 男：そうです。うちの隣です。

2. 電気屋はどこにありますか。

 男：すみませんが、梅田駅の近くに電気屋がありますか。

 女：ありますよ。大きな電気屋があります。

 男：どこにありますか。

 女：ほら、この地図を見て、ここですよ。JR大阪駅の北側にあります。電気屋の東は新阪
　　急ホテルです。

 男：私は阪急梅田駅で降りますから、電気屋は新阪急ホテルの西ですね。

 女：そうです。阪急の駅からもJRの駅からも便利です。

✍ **答案**

1. D　2. A

問題三、録音を聞いて、A、B、C、Dの中から正しい答えを一つ選んでください。 🎧 MP3 8-3-03

🎧 听力原文

1. 日本の新聞は何階にありますか。

　　男：すみません。この図書館に日本の新聞がありますか。

　　女：ええ、ありますよ。3階にあります。

　　男：3階ですね。それから、日本の雑誌は何階にありますか。

　　女：雑誌は2階の雑誌コーナーにあります。

　　男：分かりました。ありがとうございました。

　　日本の新聞は何階にありますか。

2. 二人が話しています。あそこは何の店ですか。

　　男：あそこは何の店ですか。

　　女：どこですか。

　　男：ほら、花屋と本屋の間の店ですよ。ペットショップですか。

　　女：ああ、あれですか。あれは猫カフェです。中には猫がたくさんいますよ。

　　男：へえ！

　　あそこは何の店ですか。

✏️ 答案

1. C　2. D

問題四、次の問題には絵はありません。録音を聞いて、正しい答えを一つ選んでください。

🎧 MP3 8-3-04

🎧 听力原文

1. 日本語の本はどこにありますか。

　　男：あのう、次は何の授業ですか。

　　女：日本語です。

　　男：ありがとう。あれ？日本語の本がありません。

　　女：引き出しの中は？

　　男：ああ、よかった、ありました。

　　日本語の本はどこにありますか。

　　A　かばんの中です。　　　　　　　　B　引き出しの中です。

　　C　机の上です。　　　　　　　　　　D　椅子の下です。

2. 先生は今どこにいますか。

　　男：田中さん、先生は今教室にいますか。

　　女：いいえ、今は10時半だから、研究室にいますよ。

男：ああ、そうですか。ありがとう。

先生は今どこにいますか。

A　教室です。　　　B　図書館です。　　　C　事務室です。　　　D　研究室です。

3. 本はどこにありますか。

　　男：あのう、すみません、『菊と刀』という本はどこにありますか。

　　女：あそこに本棚二つありますね。あの左側の上から3段目にありますよ。

　　男：左側の棚の上から3段目ですね。ありがとうございます。

　　本はどこにありますか。

A　左側の下から3段目　　　　　　　　B　右側の上から3段目

C　左側の上から3段目　　　　　　　　D　右側の下から3段目

4. ごみ置き場はどこですか。

　　男：すみません。この近くにごみ置き場はありませんか。

　　女：はい、ありますよ。あそこに駐車場がありますよね。

　　男：はい。

　　女：ごみ置き場はその隣です。

　　男：分かりました。ありがとうございました。

　　ごみ置き場はどこですか。

A　駐車場の隣　　　B　運動場の隣　　　C　駅の隣　　　D　寮の隣

答案

1. B　2. D　3. C　4. A

問題五、録音を聞いて、次の文を完成してください。録音は3回繰り返します。 MP3 8-3-05

听力原文及答案

　　私のマンションは①新宿駅の近くにあります。マンションの②向かい側に大きいスーパーがあります。③横にパン屋や、花屋などがあります。④近くに郵便局、銀行もあります。マンションの後ろは⑤駐車場です。とても便利です。

第9課

モノ・できごとの描写・評価

9-1 白くて素敵な茶碗です

聞く前に

まず自分で確認しましょう。録音を聞いて質問に答えてみてください。 MP3 9-1-00

答案范例

1. このりんごはあまり新鮮ではありません。
2. 大連はロマンチックな港町です。
3. 中国の高鉄は速くて便利です。

基礎編

聞いて選びましょう

一、録音を聞いて、その内容と合っているものに○を、違うものに×をつけてください。
MP3 9-1-01

听力原文

1. 男：これは白くて素敵な茶碗です。

2. 女：このかばんは外側にポケットが二つあります。とても使いやすいです。

3. 男：これは高い所での仕事です。とても危ないです。

4. 女：その町の建物は高くないですが、屋根が皆赤い色です。

5. 男：この教室はあまり広くありませんが、学生がたくさんいます。

6. 女：こちらはお箸の写真です。黒いお箸と赤いお箸です。どちらも細くて素敵です。

答案

1. × 　2. ○ 　3. ○ 　4. ○ 　5. × 　6. ○

解析

判断录音内容与图片表达内容是否一致。主要练习怎样描写事物，重点听录音中的形容词。

- 第5题图片所示内容的正确说法是「この 教室 には学生がいません」。从图片来看，教室是否宽敞不好判断，但是，随后的表述「学生がたくさんいます」（有很多学生）显然是错误的。
- 第6题中，筷子在日语中叫做「お箸」，卖筷子的地方叫做「お箸屋」（筷子店）。图片中的筷子称作「夫婦箸」（夫妻筷），通常是送给新郎新娘的筷子，代表"相濡以沫，百年好合"的意思。

二、会話を聞いて、その内容と合っている絵を選んでください。 MP3 9-1-02

听力原文

1. 女：すみません、2千円ぐらいの財布はありませんか。

　　男：2千円ですか。この2つですね。色は赤とオレンジだけですが、いかがでしょうか。このオレンジ色のほうがかわいいと思いますけど。

　　女：う〜ん、私は、オレンジ色はあまり好きじゃないから、やっぱりこれにします。

　　男：ありがとうございます。

2. 男：いらっしゃいませ。

　　女：すみません。サンダルがほしいんですが。

　　男：こちらはいかがですか。とても穿きやすいですよ。

　　女：そうですね。デザインはいいんですけど、色がちょっと地味ですね。やっぱり、派手なほうにします。

3. 女：うわ、素敵！新しい車ですね。

　　男：いいでしょう。

　　女：この色、なかなか上品ですね。

　　男：そうでしょう。実は赤もかっこいいですけど、ぼくは派手な色があまり好きじゃないので、この色にしました。

4. 女：この部屋は子どもさんの部屋ですよね。

　　男：ええ、娘の部屋です。よく友達とここで遊びます。

　　女：へえ、きれいな部屋ですね。このぬいぐるみ、かわいいですね！

　　男：ええ、娘は動物のぬいぐるみが、大好きなんですよ。

答案

1. A 　2. A 　3. A 　4. B

💡 解析

根据录音内容选择相应的图片。解题方法是先判断A与B的区别，然后听录音进行辨别。

- 第1题的解题关键是会话中的「私はオレンジ色はあまり好きじゃないから」（我不太喜欢橙色的），说话人明确表达了自己的喜好，「やっぱり」后面的内容表明说话人的真正想法，故答案为A。
- 第2题中女生最后说「やっぱり、派手なほうにします」（我还是选颜色鲜艳的），「～にします」表示决定，「やっぱり」后面的内容表明说话人的真正想法，故答案为A。
- 第4题中，A是「居間」（客厅），B是「子ども部屋」（儿童房）。本题关键句是「ええ、娘の部屋です」（嗯，是我女儿的房间），故答案是B。另外，也可以通过「ぬいぐるみ」（布偶）一词来进行判断。

三、録音を聞いて、その内容と合っているものを選んでください。 🎵MP3 9-1-03

🎧 听力原文

1. 男の人はどのベルトにしましたか。

　　男：このベルト、いいね。長くて丈夫そう。

　　女：でも、黒はいっぱい持っているでしょう。うーん、これなんかどう。ちょっと短いけど、茶色でおしゃれですよ。

　　男：うん、じゃ、これにする。茶色は持っていないし。

2. 女の人はどの帽子を買いましたか。

　　女：すみません、6歳ぐらいの女の子の帽子がほしいんですけど。

　　男：はい、こちらはいかがでしょうか。デザインが新しくてかわいいですよ。

　　女：確かにかわいいですね。でも、ちょっと高いですね。

　　男：では、こちらはいかがでしょうか。去年のデザインですが、今5割引ですよ。

　　女：いいですね。じゃ、これ、お願いします。

3. 男の人はどんなパソコンを買いましたか。

　　女：うわ、これ、新しいパソコンですか。画面が大きいですね。

　　男：そうでしょう。15インチですよ。

　　女：へえ、このサイズは画面が大きくて見やすいですね。

　　男：ええ、前は11インチでしたが、小さくて見づらかったので、これにしました。

4. 二人はどんなペットが好きですか。

　　男：ここのペットショップ、かわいいペットが色々いますね。

　　女：ああ、この黒いわんちゃん、目が丸くてかわいいですね。山田さんはどんなペットがお好きですか。

　　男：そうですね。僕は、猫かな。白い猫がかわいいですね。

　　女：へえ、私も一緒です。

✍️ 答案

　　1. B　2. B　3. A　4. B

💡 **解析**

　　判断录音内容与文字信息是否对应，重点听问题涉及的主要内容。

- 第1题要求辨别是「黒の長いベルト」（黑色长腰带）还是「茶色の短いベルト」（茶色短腰带）。会话最后男生说「じゃ、これにする。茶色は持っていないし」（那么，就选这个吧，正好我还没有茶色的），故答案为B。
- 第2题要求听辨设计是新还是旧，会话中并没有出现「古い」这个词，但是「去年のデザインですが、今5割引ですよ」（去年的设计，现在五折），表明是旧的设计，故答案为B。
- 第4题要注意的是「黒いわんちゃん」（黑狗）只是宠物店里的宠物之一，并不是两人共同喜欢的宠物。当女生问男生喜欢什么宠物的时候，男生回答「僕は、猫かな。白い猫がかわいいですね」（应该是猫吧，白猫很可爱），「かな」是自问自答的口吻。女生回答「私も一緒です」（我也是），故答案为B。

▶ **聞いて書き入れましょう**

四、二人は何について話していますか。女の人はそれについてどう思っていますか。会話を聞いて、例のように書いてください。 MP3 9-1-04

🎧 **听力原文**

例

　　男：佳代さんのかばん、なかなかいいですね。高いでしょう。

　　女：いいえ、高くないですよ。3万5千円でした。

　　男：えっ？3万5千円？やっぱり高いですね。

　　女：そうですか。全然高くないと思いますよ。

1. 男：陳さんのふるさとはどこですか。

　　女：大連ですよ。

　　男：へえ、大連ですか。海に近いところですよね。

　　女：ええ、夏でもそんなに暑くないんですよ。

2. 男：良子さん、この葡萄をどうぞ。

　　女：うわ、美味しい！甘くてジューシーですね。

　　男：でしょう（↑）。これは山梨県の葡萄なんですよ。

　　女：へえ、日本一の葡萄王国の山梨県ですか。なるほど。

3. 男：幸子さん、この近くにどこか美味しい店がありますか。

　　女：ええ、この間、駅前に新しい日本料理店ができましたよ。そこのすき焼きがお勧めです。

男：駅前ですか。

女：ええ、その店のすき焼きはとても美味しくて大人気ですよ。

答案

1. 大連　夏でもそんなに暑くない　2. 葡萄　甘くてジューシー

3. すき焼き　美味しくて大人気だ

解析

听出会话中女生对事物的判断、评价等信息，完成填空题。评价事物或提意见时，多会使用表示事物性质、状态的形容词，因此要注意会话中对该类词汇的使用。

• 第2题中「日本一」意思是"日本第一"，「一」表示"最好，首位，第一"。比如「世界一の橋」意思是"世界第一（长）的桥"。

五、会話を聞いて、例のように書いてください。 MP3 9-1-05

听力原文

例

男：お母さん、風邪の薬はどれ？赤いやつ？

女：え、白いのよ。あっ、ごめん、白いのは胃薬かしら。

男：じゃ、この黄色いやつだね？

女：ええと、違う。ごめん、やっぱり赤いのだった。

1. 男：このパン、硬いよ。おいしくないなあ。

女：あら、それはちょっと硬いのよ。あの長いパンは食べた？

男：柔らかいパンはないの？

女：あるわよ。その丸いパンは柔らかいわよ。

2. 男：夕べ、また徹夜で勉強しましたか。

女：いいえ、週末ですから、友達と映画を見に行きました。

男：いいな。どんな映画でしたか。

女：恋愛物です。主人公の男性はハンサムで格好いい人でしたよ。ストーリーも良くて、感動しました。

3. 男：このアパートはどうですか。駅から遠いですけど、新しいですよ。

女：うーん、ちょっと部屋が暗いですね。明るいのがいいんですけど。

男：じゃあ、もう一つ見ましょうか。ちょっと古いですが、部屋が明るいですよ。

女：はい、お願いします。

答案

1. 硬い　2. ハンサムで格好いい　3. 駅から遠い　新しい　部屋が暗い

解析

听出会话中谈及的物品及人物的特点，完成填空内容。解题前要参考题目给出的提示信息，明确听力任务。

- 第1题出现了较多与形容词相关的信息，仔细阅读题目给出的信息可以发现，本题是要听清关于「長いパン」（长面包）的表述，而不是「丸いパン」（圆面包）的。所以，注意不要受到「柔らかい」（松软）一词的干扰。
- 第3题中出现了较多与「アパート」相关的信息，本题是要听清关于「今見たアパート」的表述，而不是接下来要看的「アパート」，所以「もう一つ見ましょうか」之后的内容均与答案无关。

応用編

▶ **聞いて書き入れましょう**

六、録音を聞いて、次の文を完成してください。 MP3 9-1-06

听力原文

　　私の部屋はあまり広くないですが、南向きで明るいです。ソファーは白でシンプルです。丸いセンターテーブルはあまり好きではないから、四角いテーブルを選びました。色は茶色で、他の家具の色と同じです。テーブルの下のじゅうたんは黄色で柔らかいです。

答案

1. 白でシンプルな　2. 茶色で四角い　3. 黄色で柔らかい

解析

　　听录音完成图片中的填空内容。解题前要仔细看图，明确听力任务，关注关键信息。

　　本题图片是一幅室内摆设图。重点听图片中标上数字的物品的描述。注意在描述同一事物的两种特点或属性时的日语表达方式。

七、録音を聞いて、＿＿＿＿に適当な言葉を書き入れてください。録音は3回繰り返します。

MP3 9-1-07

听力原文及答案

　　大連は①美しい港町です。②きれいな海があって、中国国内と外国からの観光客にたいへん③人気があります。一年中気候は④穏やかで、人々のあこがれのリゾート地です。夏は⑤涼しくて、冬はあまり⑥寒くなくて、とても⑦住みやすいところです。

解析

　　（略）

9-2　昨日の花見はどうでしたか

聞く前に

まず自分で確認しましょう。録音を聞いて質問に答えてみてください。 MP3 9-2-00

答案范例

1. 昨日のテストの問題は難しかったです。
2. 昔、この町はこんなに立派ではありませんでした。
   前の仕事は簡単でしたが、とても忙しかったです。

基礎編

聞いて選びましょう

一、録音を聞いて、その内容と合っているものに○を、違うものに×をつけてください。

MP3 9-2-01

听力原文

1. 女：一昨日、面接がありました。とても簡単でした。
2. 男：昨日、山登りをしました。荷物が重かったから、大変でした。
3. 女：これは20年前の写真です。古い家が多くて、道が狭かったです。
4. 女：昨日はとても暑かったです。暑すぎて、気分が悪かったです。
5. 男：先週の週末、友達とビールを飲みました。全然楽しくなかったです。
6. 男：夕べ、居酒屋に行きました。お客さんはあまり多くなかったです。

答案

1. ×　2. ○　3. ○　4. ○　5. ×　6. ×

解析

　　判断录音内容与图片表达内容是否一致。主要练习怎样描写事物，重点听录音中的形容词和形容动词。

- 第4题从图片可以看出人在户外感到非常热，所以「昨日とても暑かったです」（昨天很热）的表述是正确的。在这样的天气里，人很容易感觉不舒服，所以后一句「暑すぎて、気分が悪かったです」（太热了，感觉不舒服）的表述也是正确的。

- 第5題从图片可以看出几个年轻人共同举起啤酒杯，所以「友達とビールを飲みました」（和朋友一起喝了啤酒）的表述是正确的。图中所有人都露出了灿烂的笑脸，所以后一句「全然楽しくなかったです」（一点都不开心）的表述是错误的。

二、会話を聞いて、その内容と合っている絵を選んでください。 MP3 9-2-02

🎧 **听力原文**

1. 男：昨日のお花見はどうでしたか。

 女：ちょっと疲れましたが、とても楽しかったですよ。みんなで桜の木の下で食事会をしました。

 男：それはよかったですね。

2. 男：由美さん、先週の土曜日はスキーに行きましたね。どうでしたか。

 女：ええ、とても楽しかったですよ。

 男：その前の日、雪が降りましたね。

 女：そうですね。真っ白な銀世界が、本当にきれいでしたよ。

3. 男：高橋さん、英語の宿題はもう出しましたか。

 女：いいえ、まだです。難しいですから。

 男：確かに難しかったですね。私もけっこう時間がかかりましたよ。

4. 男：恵子さん、今度のゴールデンウィークは、どこかへ行きましたか。

 女：ええ、箱根の温泉に行きました。

 男：箱根の温泉ですか。楽しかったでしょう。

 女：ええ、素敵な露天風呂がありますから、とても気持ちがよかったですよ。

✏️ **答案**

1. A 2. B 3. B 4. A

💡 **解析**

　　根据录音内容选择相应的图片。解题方法是先判断A与B的区别，然后听录音进行辨别。重点听对图片中事物的描述。

- 第1题中，A是「みんなで食事会をする」（大家一起聚餐），B是「一人で食べる」（一个人吃东西）。只要听懂关键语句「みんなで桜の木の下で食事会をしました」（大家在樱花树下聚餐），尤其是抓住了「みんな」（大家）一词，就知道答案为A。「花見」（赏花）在日本通常指4月份的观赏樱花活动。日本人赏花的目的不仅在于欣赏樱花之美，而且在于通过聚餐等活动来促进彼此间的沟通与交流。

- 第2题中，A是「海辺で遊ぶ」（在海边玩），B是「スキーをする」（滑雪）。会话中的「スキー」「雪」「真っ白な銀世界」就是解题的关键词。

三、録音を聞いて、その内容と合っているものを選んでください。 🎧 MP3 9-2-03

🎧 听力原文

1. 女：夕べ、『春のメロディー』、見ました。

　　男：『春のメロディー』ですか。フランス人の作品でしょう。

　　女：ええ、暖かい内容で、素晴らしかったですね。

　　男：そうですね。音楽も評判がよくて、最高です。

2. 男：学校の近くに新しい日本料理店ができましたね。

　　女：ええ、昨日友達と行きました。本格的な日本の味でしたよ。

　　男：そうですか。お寿司の種類は多かったですか。

　　女：ええ、何種類もありましたよ。天ぷらも美味しかったです。

3. 男：山田さん、上海まで何で行きましたか。

　　女：高鉄で行きました。中国の高鉄は初めてです。

　　男：初めてですか。どうでしたか。

　　女：席が広くて快適でした。それに、スピードも速くてびっくりしました。

4. 男：李さん、先週、鈴木先生の講演はどうでしたか。

　　女：日本の漫画の話ですけど、つまらなくて退屈でしたよ。

　　男：えっ？どうして？日本の漫画が好きじゃなかったですか。

　　女：漫画は好きですけど、先生の話のスピードが速くて、私にはちょっと…。

　　男：そうか。それは大変でしたね。

✍ 答案

1. A　2. A　3. B　4. B

💡 解析

　　判断录音内容与文字信息是否对应。重点听题目涉及的主要内容。

- 第1题要求辨别是「暖かい内容で」还是「暖かい音楽で」，A选项与听力原文意思一致，所以是正确答案。B选项是干扰项，虽然会话中提到了音乐，但对于音乐的表述是「音楽も評判がよくて、最高です」（音乐品质一流，备受好评）。

- 第4题要求辨别「退屈」（无聊）的原因。会话中「日本の漫画の話ですけど、つまらなくて退屈でしたよ」（虽然是关于日本漫画方面的内容，但很无聊）这句话很容易误导大家选择A。本题解题关键在于女生后面说的那句话「漫画は好きですけど、先生の話のスピードが速くて、私にはちょっと…」（虽然喜欢漫画，但是老师语速太快，我有点……），说明她是因为没有听懂老师的话才觉得无聊。

聞いて書き入れましょう

四、会話を聞いて、例のように女の人の意見を書いてください。 MP3 9-2-04

🎧 **听力原文**

例

女：鈴木さん、今日のお店、もう二度と行きません。

男：ええ、どうして？

女：料理はまずかったし、サービスもよくなかったですよね。

男：そういえば、店員さんは冷たかったですね。

1. 男：陳さんのクラスは今学期から作文の先生が変わりましたよね。どの先生ですか。

女：山本先生ですよ。

男：ああ、山本先生ですか。授業が長く感じますよ。内容はあまり面白くないから。

女：えっ、そうですか。イメージがぜんぜん違いますね。昨日は初めての授業でしたが、けっこう面白かったですよ。

2. 男：高橋さん、今年の夏休み、どこかへ行きましたか。

女：ええ、北海道と大阪へ行きました。

男：そうですか。天気はどうでしたか。

女：北海道は涼しくてよかったですけど、大阪は毎日蒸し暑くて大変でした。

男：そうですね。大阪の夏は暑いですよね。

3. 女：去年、東京で夏祭りに行きました。

男：へえ、どうでしたか。

女：とても面白かったですよ。盆踊りも花火も素晴らしかったです。

男：そうですか。いい思い出ですね。

✍ **答案**

1. けっこう面白かった　2. 毎日蒸し暑くて大変だった

3. とても面白かった　盆踊りも花火も素晴らしかった

💡 **解析**

听出会话中谈及的事物的性质、特点等信息，完成填空题。解题关键是要关注带有表述事物性质、特点等的词语（多为形容词）。

- 第1题中男生和女生都表达了对山本老师课堂的看法，但是本题考查的是女生对课堂的评价信息，所以解题关键在于最后一句话「イメージがぜんぜん違いますね」（我对他的印象完全不同），女生否定了男生的看法，进而表达了自己的看法「けっこう面白かったですよ」（很有意思）。

135

- 第2题中女生说了两个城市的天气，注意题目只需要填写其中之一，并且本题考查的是女生对天气的评价信息，所以只需要填写「毎日蒸し暑くて大変だった」（每天都很炎热，特别难受）即可。

五、会話を聞いて、例のように書いてください。 MP3 9-2-05

听力原文

例

男：九州の旅行はどうでしたか。

女：楽しかったです。温泉が多くてよかったですよ。

男：温泉ね…。

女：ええ。毎日温泉に入りました。

1. 男：夕べ、映画を見に行きましたよ。

女：えっ、何の映画ですか。

男：『夏の恋』です。映像が素晴らしかったですよ。ちょっと長かったですけど。

女：そうですか。ぜひ行ってみたいですね。

2. 男：佐藤さん、昨日、引越ししましたね。どうしてですか。

女：前のアパートは静かで家賃が安かったですが、駅から遠かったです。

男：へえ、駅からどのぐらいでしたか。

女：歩いて15分ぐらいでした。

男：そうですか。確かにちょっと遠いですね。

3. 男：最近の天気は変わりやすいですね。

女：そうですね。そういえば、昨日は風が強くてすごく寒かったですね。

男：ええ、でも、今日は晴れで全然寒くないですね。

女：そうですね。でも、土曜日からはまた雪でしょう。

答案

1. 映像が素晴らしかった　ちょっと長かった
2. 静かだった　家賃が安かった　駅から遠かった
3. 風が強かった　すごく寒かった

解析

听出会话中谈及的事物的特点，完成填空题。解题前要参考题目上的提示信息，明确听力任务。

- 第3题会话中既有昨天天气的描述，也有今天和周六以后天气的描述，但题目要求写下的是「昨日の天気」（昨天的天气），所以只需要填写与昨天天气相关的形容词。

応用編

> 聞いて書き入れましょう

六、録音を聞いて、次の文を完成してください。 MP3 9-2-06

🎧 **听力原文**

　見てください。これは昨日の食事会の写真です。きれいでしょう。

　日本料理は目で楽しむ料理って、本当ですね。お寿司は色が鮮やかできれいです。味ですか。もちろんおいしかったですよ。刺身が新鮮でおいしかったですし、メロンも柔らかくて甘かったです。お店もおしゃれでしたよ。静かでとても雰囲気のいいお店でした。

✍️ **答案**

1. 鮮やかできれい　2. 新鮮でおいしかった　3. 柔らかくて甘かった

💡 **解析**

　　听录音完成图片中的填空内容。解题前要仔细看图，明确听力任务，关注关键信息。

　　本题图片是一桌丰盛的日本料理。文中有「日本料理は目で楽しむ料理」一句，意思是"日本料理是用眼睛来品味的料理"，从图片可以看出日本料理注重形与色的搭配、菜品与器皿的和谐，菜品的摆放造型也别具一格。本题图片中具有代表性的日本料理主要有「刺身」（刺身）、「お寿司」（寿司）、「てんぷら」（天妇罗）、「すき焼き」（日式牛肉火锅）、「茶碗蒸し」（蒸鸡蛋羹）、「焼き肉」（烤肉）等。

七、録音を聞いて、_____に適当な言葉を書き入れてください。録音は3回繰り返します。

MP3 9-2-07

🎧✍️ **听力原文及答案**

　山田さんは先週、友達と旅行をしました。高鉄で西安へ行きました。高鉄は①速くて便利です。西安に三日間いましたが、毎日②とても蒸し暑かったです。ホテルの部屋は③広くて快適でしたが、少し高かったです。兵馬俑や大雁塔などの名所旧跡をたくさん見ました。いろいろな④美味しいものを食べました。毎日⑤忙しくて疲れましたが、とても楽しい旅行でした。

💡 **解析**

　　（略）

練習問題

問題一、絵を見て、正しい答えをA、B、Cの中から一つ選んでください。 MP3 9-3-01

1.

（　　）

2.

（　　）

問題二、絵を見て、正しい答えをA、B、C、Dの中から一つ選んでください。 MP3 9-3-02

1.

A

B

C

D

2.

A

B

C

D

問題三、録音を聞いて、A、B、C、Dの中から正しい答えを一つ選んでください。 MP3 9-3-03

1. (　　　)
A 体は黒いですが、耳は白いです。　　B 体は白いですが、耳は黒いです。
C 体も耳も白いです。　　D 体も耳も黒いです。
2. (　　　)
A 黒いて、ポケットがあります。　　B 丸くて、ポケットがあります。
C 白くて、ポケットがありません。　　D 丸くて、ポケットがありません。

問題四、次の問題には絵はありません。録音を聞いて、正しい答えを一つ選んでください。
MP3 9-3-04

1. (　　　)　　　2. (　　　)　　　3. (　　　)　　　4. (　　　)

問題五、録音を聞いて、次の文を完成してください。録音は3回繰り返します。 MP3 9-3-05

　先週の土曜日に、留学生センターでみんなで料理をしました。いろいろな国の留学生がいました。タイからのパチャラさんはカレーライスを作りました。①＿＿＿＿＿ですが、とても美味しかったです。日本からの佐藤さんは鮭お握りを作りました。鮭の②＿＿＿＿＿オレンジと、青ねぎの③＿＿＿＿＿グリーンがとてもきれいでした。アメリカからのスミスさんはハンバーガーとサラダを作りました。ハンバーガーは④＿＿＿＿＿て美味しかったですが、サラダはすこし⑤＿＿＿＿＿です。

139

解答

問題一、絵を見て、正しい答えをA、B、Cの中から一つ選んでください。 (MP3 9-3-01)

🎧 听力原文

1. ここはどこですか。

   A とても静かな運動場です。

   B とても賑やかな遊園地です。

   C とてもロマンチックな博物館です。

2. これはどんな建物ですか。

   A 高いビル

   B 低いアパート

   C 大きなアパート

✎ 答案

1. B 2. A

問題二、絵を見て、正しい答えをA、B、C、Dの中から一つ選んでください。 (MP3 9-3-02)

🎧 听力原文

1. 女の人は、どのお菓子が一番美味しかったと思いますか。

   男：昨日のパーティーで色々なお菓子がありましたね。

   女：ええ、うさぎのお菓子もお花のお菓子もきれいで美味しかったですね。

   男：そうですね。陳さんはどのお菓子が一番美味しかったと思いますか。

   女：うーん、あの丸い桜餅が柔らかくて、一番美味しかったですよ。

2. 男の人と女の人が話しています。男の人はどこへ旅行に行きましたか。

   女：スミスさん、この間の旅行はどうでしたか。

   男：寒かったです。でも、スキーは楽しかったです。

   女：スキーですか。いいですね。楽しんでいましたか。

   男：ええ、毎日いい天気で最高でしたよ。

✎ 答案

1. B 2. A

問題三、録音を聞いて、A、B、C、Dの中から正しい答えを一つ選んでください。 ⏺ MP3 9-3-03

🎧 **听力原文**

1. 男の人が犬を探しています。どんな犬ですか。

   男：あのう、ちょっと、犬を探しているんですが…。

   女：え？どんな犬ですか。

   男：体は白いですが、耳だけ黒いですよ。

   女：両方とも？

   男：ええ。

   どんな犬ですか。

2. 女の人のかばんはどれですか。

   男：陳さんのかばんはどれですか。

   女：黒いかばんで…。

   男：黒いかばんですね。これですか。

   女：いえ、もっと丸くて、ポケットがないかばんなんですけど。

   男：えー、じゃ、これですか。

   女：あ、そうです。ありがとうございました。

   女の人のかばんはどれですか。

✏️ **答案**

1. B　2. D

問題四、次の問題には絵はありません。録音を聞いて、正しい答えを一つ選んでください。

⏺ MP3 9-3-04

🎧 **听力原文**

1. 女の人が店の人と話しています。女の人はどんなブラウスを見ていますか。

   男：いらっしゃいませ。こちらの白いブラウスは昨日新しく入りました。いかがですか。

   女：いいですね。

   男：同じ形でほかに赤と青、黒がありますが、そちらもご覧になりますか。

   女：いいえ、これがいいです。これをください。

   女の人はどんなブラウスを見ていますか。

   A　赤いブラウス　　B　青いブラウス　　C　黒いブラウス　　D　白いブラウス

2. 男の人と女の人が話しています。1970年代ごろの新宿はどうでしたか。

   男：へえ、この写真も新宿ですか。

   女：ええ、これは1970年ごろの新宿です。

   男：今とずいぶん違いますね。

女：ええ、道が狭かったですね。それに、建物もみんな低かったですね。小さい家がたくさんありました。

男：今は高いビルが多くなりましたね。道も広くなりましたし。

1970年代ごろの新宿はどうでしたか。

A　ビルが高かったです。　　　　　　B　道が広かったです。

C　建物が低かったです。　　　　　　D　大きい家がたくさんありました。

3. 男の人と女の人が話しています。女の人はどんな本がほしいですか。

女：ねえ、何か本貸してよ。旅行のとき読むから。

男：じゃ、これはどう？ちょっと難しいけど。

女：そんなのじゃなくて、軽い本、ない？

男：じゃ、これは？小さいから重くないよ。

女：そういう意味じゃないわよ、簡単で面白い本よ。

男：ああ、そういう意味。僕の本はみんな難しいからな。

女：もういいわよ。自分で買ってくる。

女の人はどんな本がほしいですか。

A　難しい本です。　　　　　　　　　B　重い本です。

C　面白い本です。　　　　　　　　　D　つまらない本です。

4. お母さんと子どもが話しています。子どもはどんな格好で出かけますか。

母：由美ちゃん、今日は寒いから、暖かい服を着なさいね。

子：はーい。

母：あら、だめよ。そんな短いスカートは。ズボンを穿きなさい。

子：えー？ズボンはきらい！

母：じゃ、長いスカートにしなさい。

子：長いスカートはかわいくないから、いや！

母：じゃ、スカートはそれでいいから、靴下はもうちょっと長いのにしなさいよ。

子：え…、分かった。

子どもはどんな格好で出かけますか。

A　短いスカートに短い靴下　　　　　B　短いスカートに長い靴下

C　長いスカートに短い靴下　　　　　D　長いスカートに長い靴下

📝 答案

1. D　2. C　3. C　4. B

問題五、録音を聞いて、次の文を完成してください。録音は3回繰り返します。 MP3 9-3-05

🎧📝 听力原文及答案

先週の土曜日に、留学生センターでみんなで料理をしました。いろいろな国の留学生がい

ました。タイからのパチャラさんはカレーライスを作りました。①<u>すこし辛かった</u>ですが、とても美味しかったです。日本からの佐藤さんは鮭お握りを作りました。鮭の②<u>華やかな</u>オレンジと、青ねぎの③<u>鮮やかな</u>グリーンがとてもきれいでした。アメリカからのスミスさんはハンバーガーとサラダを作りました。ハンバーガーは④<u>味が濃く</u>て美味しかったですが、サラダはすこし⑤<u>しょっぱかった</u>です。

人の描写・評価

10-1 この人は髪が長いです

聞く前に

まず自分で確認しましょう。録音を聞いて質問に答えてみてください。 MP3 10-1-00

答案范例

1. 私の先生は目が大きくて、髪が長いです。とてもきれいです。
2. 私の友達は優しく明るい人です。歌が上手で、クラスで人気があります。

基礎編

▷ 聞いて選びましょう

一、録音を聞いて、その内容と合っているものに○を、違うものに×をつけてください。

MP3 10-1-01

1. 女：この女の人は髪が長くてきれいです。

2. 男：これは日本の着物です。この黄色い着物はとても美しいです。

3. 女：この男の人はハンサムでかっこいいです。

4. 男：これは中国のチャイナドレスです。色が赤で鮮やかです。

5. 女：この子はかわいい女の子で、目が大きいです。

6. 男：今、この会社員は暇で、仕事が忙しくないです。

答案

1. ○　2. ×　3. ○　4. ○　5. ○　6. ×

解析

　　判断录音内容与图片表达内容是否一致。主要练习听表示人物外貌特征及装束等的形容词、形容动词及其否定形式。

- 第2题图片中所示的日本和服不是「黄色い着物」，而是「赤い着物」，只有「帯」（腰带）是黄色的。
- 第6题图片所示内容的正确说法是「今、この会社員は暇ではありません。仕事が忙しいです」。注意听辨形容词和形容动词的肯定和否定形式。

二、会話を聞いて、その内容と合っている絵を選んでください。 MP3 10-1-02

1. 女：サクラ会社の社長さんが来ました。

　　男：ええ？社長さんですか。どの方ですか。

　　女：ほら、あの若い方ですよ。

　　男：ああ、あの眼鏡の方ですね？

　　女：ええ、そうです。

2. 女1：今日のデート、どんな服がいいでしょうか。

　　女2：暑いですから、短いスカートがいいですよ。

　　女1：そうですね。じゃ、上は？

　　女2：白いシャツはどうですか。

　　女1：うん、涼しい感じですね。じゃ、そうします。

3. 女：田中さん、見て！どうですか、この絵。

　　男：どれどれ？うわ、この花の帽子、面白くていいですね。

　　女：でしょう？私もこの絵が大好きですよ。

　　男：花が大きくてきれいですね。

　　女：ええ。やっぱり花の帽子がかわいいですね。

4. 夫：おい、この新しいジャンパー、誰のだい？

　　妻：それ、あなたのよ。

　　夫：またインターネットショッピングか。でも、黄色はあまり好きな色じゃないなあ。

　　妻：でも、生地が厚いから、雨の日も雪の日もいいでしょう？

　　夫：うーん。悪くはないね。

答案

1.B　2.A　3.A　4.B

解析

　　根据录音内容选择相应的图片。解题方法是先判断A与B的区别，然后听录音进行辨别。重点听和图片内容相关的人物描述。

- 第1题中，解题关键在于能听出「若<ruby>い<rt>わか</rt></ruby>」（年轻）和「<ruby>眼鏡<rt>めがね</rt></ruby>」这两个关键词，只要抓住其中的任何一个信息，就能选出答案为B。

- 第4题中，「だい」与疑问词连用时，表示柔和的疑问语气，比如「あの<ruby>人<rt>ひと</rt></ruby>は<ruby>誰<rt>だれ</rt></ruby>だい？」（那人是谁呀？）另外，「うーん。<ruby>悪<rt>わる</rt></ruby>くはない」（嗯，不错）中的「は」表示强调，也可以不加。本题的解题关键在于听出「<ruby>黄色<rt>きいろ</rt></ruby>はあまり<ruby>好<rt>す</rt></ruby>きな<ruby>色<rt>いろ</rt></ruby>じゃない」（黄色不是我喜欢的颜色）这个否定句以及「<ruby>生地<rt>きじ</rt></ruby>が<ruby>厚<rt>あつ</rt></ruby>い」（布料厚实）中的形容词「<ruby>厚<rt>あつ</rt></ruby>い」，只要抓住其中的任何一个信息，就能选出答案为B。

三、録音を聞いて、その内容と合っているものを選んでください。 🎵MP3 10-1-03

1. 女の人は今日どんなスカートにしますか。

　　妻：ねえ、あなた、このスカートはどう？

　　夫：あれ？今日は長いのか。いつもは短いのだよね。

　　妻：これからパーティーだから、短いのはちょっと…。

　　夫：ああ、なるほど。

2. これはどんなスーツですか。

　　女1：ねえねえ、百合子、このスーツはどう？ちょっと派手？

　　女2：ううん、ぜんぜん派手じゃないわよ。それ、いくら？

　　女1：えっと、8,500円。

　　女2：えっ、8,500円？安い！

　　女1：ほんと、高くないわよね。

3. 女の人はどんな靴下を買いますか。

　　女：すみません。5歳の女の子の靴下、ありますか。

　　男：はい、5歳ですね。こちらはいかがでしょうか。

　　女：これ、ちょっと短いですね。長いのはありませんか。

　　男：はい、あります。色は白いのと黒いのがありますが…。

　　女：じゃ、この白いのをください。

4. これはどんなかばんですか。

　　女1：このかばん、いいデザインですね。

　　女2：そうですね。色もきれいですね。これ、いくらですか。

　　女1：ええと、あら、1万円？ちょっと高いですね。

　　女2：まあ、たまには高いのを買いましょうよ。

　　女1：じゃ、そうしましょう。

📝 答案

　1. A　2. B　3. B　4. B

判断录音内容与文字信息是否对应。重点听事物的颜色、长短等特征。

- 第1题的问题是「今日_{きょう}どんなスカートにしますか」（今天穿什么样的裙子？）。关键语句是「今日_{きょう}は長_{なが}い
のか。いつもは短_{みじか}いのだよね」（今天穿的是长裙呀！你平时都是穿短裙的吧）。通过「これからパー
ティーだから、短_{みじか}いのはちょっと…」（接下来要参加派对，短裙不太好）也可以判断出女生今天穿的是
长裙，故答案为A。另外，「なるほど」（原来如此，确实）一词表示附和对方所说，要特别注意的是，它
带有一种"我认可你所说"的评价语气，因此对上司和长辈使用有时会显得失礼。

聞いて書き入れましょう

四、会話を聞いて、例のように書いてください。 MP3 10-1-04

例

女：安田さんはどの方ですか。

男：ほら、あの人ですよ。あの背が高くて、黒い眼鏡の人。

女：ああ、あの赤いネクタイの方ですね？

男：はい、そうです。

1. 男：あ、子どもがたくさんいますね。山田さんのお子さんはどの子ですか。

女：うちの子は女の子です。ほら、あの子ですよ。あの髪が短い子。

男：ああ、お子さんは背が高いですね。

女：いいえ、あの背が高い子は百合子ちゃんです。うちの子は百合子ちゃんの左の背が
低い子です。

2. 女1：良子さん、そのワンピース、きれいですね。

女2：ありがとう！

女1：新しいワンピースですか。

女2：ええ、先週ネットで買いました。

女1：そうですか。ネットショッピングは安くて便利ですから、私もよく利用します
よ。

3. 女：鈴木君、趣味は何ですか。

男：いろいろありますけど、やっぱりテニスですね。まあ、子どもの時からの趣味で、
わりと得意ですけど。

女：あ、テニスですか。今もよくしますか。

男：いいえ、最近はギターを始めました。でも、まだ下手です。

📝 **答案**

1. 短い　低い　2. きれいで新しい/新しくてきれい　3.（わりと）得意　（まだ）下手

💡 **解析**

　　听出会话中有关人物服饰、装扮、喜好等的信息，完成填空题。在解题过程中要结合题目给出的提示信息，注意听表示人物特点、喜好等的词语。

- 第2题中，「先週ネットで買いました」（上周网上买的）的「ネット」需注意声调，专指因特网时应读作平板型（⓪）「ネット」。如果读成头高型（①）「ネット」，则表示渔网之类的网。下一句出现的「ネットショッピング」是「インターネットショッピング」的简略说法。

- 第3题中需注意「得意」和「上手」翻译成汉语都是"擅长"，但用法有区别。「得意」表示技能高超，有自信，既可以用于描述他人，也可以用于描述自己。「得意」的反义词是「苦手」。「上手」表示技能高超的同时带有评价、夸奖的语气，因此只能用于描述他人，不能用于描述自己。它的反义词是「下手」，「下手」则可以用于描述自己。

五、録音を聞いて、例のように書いてください。 📱MP3 10-1-05

例

　　女：ねえねえ、お友達の李さんはどんな人ですか。

　　男：ええと、親切で頭がいい人ですよ。

　　女：日本語が上手ですか。

　　男：ええ、とても上手です。でも、スポーツは苦手です。

　　女：そうですか。

1. 男：僕の趣味はいろいろあります。料理やダンス、カラオケなどです。料理はときどきしますが、そんなに上手ではありません。ダンスは大好きですが、仕事が忙しいですから、最近はあまりしていません。一番得意なのはカラオケです。よく家で歌います。

2. 女：えっ、彼氏ですか。まだいません。どんな人がいいか、自分でもよく分かりません。大学の時は、背が高くてハンサムな人がいいなあと思いました。今は、仕事が毎日大変ですから、優しくて暖かい人がいいと思います。

📝 **答案**

1. （1）上手ではありません　（2）大好き　（3）得意
2. （1）背が高くてハンサムな　（2）優しくて暖かい

💡 **解析**

　　听出会话中有关人物形象、个人兴趣的信息，完成填空内容。解题前要仔细阅读题目信息，明确听力任务。

- 第1題中，「最近はあまりしていません」（最近基本上都没有跳舞）中的「していません」表示一直没有做某事。
- 第2題中，「〜と思います」的意思是"（我）认为……"，表示第一人称的想法。「〜と思いました」是「〜と思います」的过去形式，即"以前认为……"。

応用編

▶ 聞いて書き入れましょう

六、録音を聞いて、表の内容を完成してください。 MP3 10-1-06

　　うちのクラスには留学生が3人います。サッカーが得意なのは李さんとキムさんです。マリーさんはちょっと苦手です。でも、バレーボールは、マリーさんの大好きなスポーツで、とても得意です。李さんもキムさんもバレーボールがそんなに得意ではありません。ちょっと苦手です。それから、テニスですが、これは、キムさんが得意です。李さんもマリーさんも苦手です。

✍ 答案

1. ○　2. ×　3. ×

🔍 解析

　　听录音完成表格中的填空内容，解题前要阅读表格信息，明确听力任务，关注关键信息。

　　本题是一个与运动项目有关的调查表。听力难点在于需要快速浏览「李さん」「マリーさん」「キムさん」三个人的信息，与此同时反复、快速听辨录音中提及的「得意」和「苦手」的运动项目。

七、録音を聞いて、＿＿＿＿＿に適当な言葉を書き入れてください。録音は3回繰り返します。
MP3 10-1-07

🎧✍ 听力原文及答案

　　僕は日本語の勉強が好きです。でも、まだ①上手ではありません。日本語には漢字がありますが、そんなに②簡単ではありません。とても③難しいです。先生の話はときどき分かりません。でも、先生はとても④親切です。僕が分からない時、いつも優しく教えてくださいます。ですから、毎日の日本語の勉強がとても⑤楽しいです。

🔍 解析

　　（略）

10-2 高校時代、王さんは背が低かったです

聞く前に

まず自分で確認しましょう。録音を聞いて質問に答えてみてください。 MP3 10-2-00

答案范例

1. 高校時代、私は髪が短かったです。
   子どもの時、僕は野菜が好きではありませんでした。
2. 頭が重くて、時にはちょっと痛いです。
   昨日はちょっとお腹が痛かったですが、今は大丈夫です。

基礎編

聞いて選びましょう

一、録音を聞いて、その内容と合っているものに○を、違うものに×をつけてください。

MP3 10-2-01

听力原文

1. 女：これは10年前の着物です。鮮やかできれいでした。

2. 男：これは3年前の写真です。その時、花子ちゃんは背が低かったです。

3. 女：これは高校時代の写真です。その時、私は髪が短かったです。

4. 男：先月の試験はぜんぜん難しくなかったです。とても簡単でした。

5. 女：昨日、女の人は仕事が多くて、暇ではありませんでした。

6. 男：子どもの時、僕は毎日が楽しくて、とても元気でした。

答案

1. ○　2. ○　3. ×　4. ×　5. ○　6. ○

解析

　　判断录音内容与图片表达内容是否一致。练习的重点是听表示人物外貌特征及装束等的形容词、形容动词的过去肯定式及其过去否定式。

- 第3题图片所示内容的正确说法是「その時、私は髪が長かったです」。

- 第4题图片所示内容的正确说法是「先月の試験はとても難しかったです。簡単ではありませんでした」。注意听辨形容词和形容动词的过去肯定式和过去否定式。

二、会話を聞いて、その内容と合っている絵を選んでください。 ⊗MP3 10-2-02

1. 母：よしこ、どうしたの？顔色が悪いよ。

   娘：うん、ちょっと。

   母：え？どこか痛いの？頭が痛いの？

   娘：ううん。頭じゃなくて、お腹。

   母：病院に行こうか。

   娘：いいの、いいの。さっきのアイスクリーム、すごく冷たかったから。

2. 女：これは先輩と奥さんの写真ですね？

   男：ええ、5年前に北海道へ行きました。これはその時の写真です。

   女：2人とも厚いコートですね。寒かったでしょう。

   男：ええ、お正月の旅行でしたから、寒かったですよ。

3. 男：高橋さん、それは誰の写真ですか。

   女：これは祖父の若い時の写真です。

   男：へえ？おじいさんは警察官だったんですか。かっこいいですね。

   女：ええ、警察の仕事が忙しくて、毎日大変でした。

4. 女：あら、李さん、どうしましたか。

   男：あ、ちょっと喉が痛いです。

   女：また何か辛い物でも食べましたか。

   男：あっ、昨日の四川料理、ちょっと辛かったです。

📝 答案

1. B　2. A　3. B　4. B

💡 解析

　　根据录音内容选择相应的图片。解题方法是先判断A与B的区别，然后听录音进行辨别。重点听和图片内容相关的人物描述。

- 第1题是母女二人的对话，因此没有使用敬体，而是使用简体。「病院に行こうか」（去医院吧）是「病院に行きましょうか」的简体。另外，「いいの、いいの」的意思是"不用不用"，表示拒绝。

- 第2题的关键句是「2人とも厚いコートですね。寒かったでしょう」（两位都穿着厚外套啊，当时很冷吧）。此处要注意，会话中的两个人正看着照片谈论其中出现的厚外套，因此使用「厚いコートです」，并不使用过去式。而通过照片谈论5年前旅游时天气寒冷，则需使用过去式「寒かった」。

三、録音を聞いて、その内容と合っているものを選んでください。 MP3 10-2-03

1. 今日、女の人はどうしましたか。

   女：先生、昨日から喉が痛くて…。

   男：あっ、喉が赤いですね。頭も痛いですか。

   女：昨日はちょっと痛かったですが、今は大丈夫です。ちょっと重い感じがしますけ
   ど。

2. 男の子はどうしましたか。

   女：あら、太郎君、どうしたの？

   男：この漫画、とっても面白いから。ああ、お腹が痛い。

   女：あっ、笑い過ぎか。

3. 男の人は若い時、どんな歌が好きでしたか。

   女：田中さんはポップスが好きですか。

   男：ええ、若い時はテンポが速いポップスが大好きでしたが、今はちょっと。

   女：じゃ、今は？

   男：今は演歌、特に静かな演歌が好きです。

4. これはどんなかばんですか。

   妻：あなた、来週の水曜日、良子の誕生日でしょう？

   夫：ああ、そうだね。20歳の誕生日だよね。

   妻：誕生日プレゼントに、このかばんはどう？今はバーゲンだから安いわよ。先週まで
   は高かったけど。

   夫：ちょっと派手じゃないか。

   妻：そう？もうちょっと地味なのがいいかなあ。でも、大丈夫よ。良子はこの色が好き
   だから。

答案

1. B　2. B　3. A　4. A

解析

　　判断录音内容与文字信息是否对应。重点听对身体状况、个人喜好等的表述。

- 第1题的关键句是「昨日はちょっと痛かったですが、今は大丈夫です」（昨天有点疼，现在没事了）。
  解题关键是听懂其中表达的过去情况和现在情况。另外，「～感じがします」这个词组的意思是"感
  觉……"，如「嫌な感じがします」（感觉厌烦）。

聞いて書き入れましょう

四、会話を聞いて、例のように書いてください。 MP3 10-2-04

例

男：山本さんはどんな料理が好きですか。

女：そうですね。魚の料理が好きです。体にいいし、おいしいし。

男：じゃ、お肉の料理はあまり食べませんか。

女：ええ、お肉はそんなに食べません。子どものころは好きでしたけど、今はちょっと
嫌いです。

1. 女：張さん、高校時代にはどんな科目が得意でしたか。

　　男：ええと、英語が得意でした。話すのはあまり上手じゃなかったけど。

　　女：私もそうでした。じゃ、苦手な科目は？

　　男：やっぱり数学ですね。小学校の時からずっと苦手でした。

　　女：へえ？私も数学が嫌でした。

2. 女1：先輩、明日から新しい課長が来ますよね。どんな方ですか。

　　女2：あ、山田課長ですか。とても優しい方ですよ。

　　女1：それはよかったです。前の課長は厳しくて怖かったです。

　　女2：やっぱり優しい課長がいいですね。

　　女1：そうですよ。厳しくて怖い課長なら、仕事が大変です。

3. 男：伊藤さん、旅行はどうでしたか。

　　女：大変でした。毎日雨で、すごく寒かったです。

　　男：そうでしたか。こちらは毎日いい天気でした。

　　女：それに、料理も高くておいしくなかったです。ホテルも古くて狭かったです。

　　男：それは大変でしたね。

答案

1. 英語　数学　2. とても優しいです　厳しくて怖かったです

3. 高くておいしくなかったです　古くて狭かったです

解析

　　听出会话中有关人物的喜好、技能擅长与否以及对事物的评价等的信息，完成填空题。在解题过程中要结合题目给出的提示信息，注意听表示喜好、擅长、评价的形容词和形容动词。

- 第2题中，「厳しくて怖い課長なら、仕事が大変です」（如果科长严苛且让人害怕，工作起来会很累）的「なら」表示假定，译为"如果"。

五、録音を聞いて、例のように書いてください。 MP3 10-2-05

例

女：これは妹の写真です。5年前の写真です。妹はこの時、まだ3歳でしたが、服は全部自分で選びました。好きな色はピンクでしたから、この写真の時もピンクのワンピースでした。

1. 男：田中さん、ちょっと顔色が悪いですね。大丈夫ですか。

女：ええ、ちょっと疲れましたが、大丈夫です。

男：仕事が忙しいですか。

女：ええ。先週は仕事が多くて忙しかったです。でも、今週はもう大丈夫です。

2. 女：これは李さんの高校時代の写真ですね。この人は誰ですか。

男：王さんですよ。

女：え？あの歌手の王さんですか。

男：そうですよ。今の王さんは背が高くてかっこいいけど、高校時代は背が低かったですよ。

女：それに、こんなに髪が長かったし…。全然知りませんでしたよ。

3. 男：先生、こんにちは。

女：高橋さん、こんにちは。具合はいかがでしょうか。

男：ええ、おかげさまで。だいぶ調子がいいです。

女：そうですか。先月は血圧がちょっと高かったですね。今回は120で大丈夫です。

男：ああ、よかった。

答案

1. 仕事が多くて忙しかったです　2. 低かったです　長かったです

3. 血圧が（ちょっと）高かったです

解析

　　听出会话中有关人物的身体状况以及过去情况的表述，完成填空题。解题前要仔细阅读题目信息，明确听力任务。

• 第2题中，「それに、こんなに髪が長かったし」（而且，当时头发这么长）中的「こんなに」需要注意。虽然说话人在叙述过去的情况，但是由于她一边看着眼前的照片一边说话，所以此处不能使用表示回忆的「あんなに」，而是使用近称的「こんなに」。

• 第3题中，在表示身体状态的好坏时，「具合」和「調子」可以互换。

応用編

> 聞いて書き入れましょう

六、録音を聞いて、絵の内容を完成してください。 MP3 10-2-06

　　これは10年前の絵です。左から1番目の人は田中さんです。田中さんはお医者さんで、収入が高かったですが、毎日の仕事が忙しくて大変でした。田中さんの隣の人は佐藤さんです。佐藤さんは会社員で、収入がよかったですが、残業が多くて、帰りがいつも遅かったです。一番右の人は料理人の高橋さんです。高橋さんは仕事が楽しかったですが、毎朝起きるのが早かったです。

答案

1. 高かった　忙しくて大変　2. 多くて　遅かった　3. 楽しかった　早かった

解析

　　听录音完成图片中的填空内容。解题前要仔细看图，明确听力任务，关注关键信息。

　　本题的录音内容主要是叙述相识的三位朋友的工作情况，他们的职业分别是医生、公司职员和厨师。本题主要考查形容词和形容动词的过去式用法。解题时要先阅读题目信息，明确需要填写的内容，结合图片内容边听录音边完成填空。

七、録音を聞いて、＿＿＿＿に適当な言葉を書き入れてください。録音は3回繰り返します。
MP3 10-2-07

听力原文及答案

　　今年の夏休みに青島へ旅行しました。7月の青島は①涼しかったです。それにシーフードはとても②新鮮でおいしかったです。ホテルは海に近くて、景色がとてもきれいでした。部屋は広くて③明るかったです。涼しい夏、おいしい食べ物、静かな海、④ロマンチックな夜、今回の青島旅行はとても⑤楽しかったです。

解析

　　（略）

練習問題

問題一、絵を見て、正しい答えをA、B、Cの中から一つ選んでください。 MP3 10-3-01

1.

（　　）

2.

（　　）

問題二、絵を見て、正しい答えをA、B、C、Dの中から一つ選んでください。 MP3 10-3-02

1.

A

B

C

D

2.

A

B

C

D

問題三、録音を聞いて、A、B、C、Dの中から正しい答えを一つ選んでください。 MP3 10-3-03

1. (　　　　)

　A　ネックレス　　　　　B　セーター　　　　　C　かばん　　　　　D　ケーキ

2. (　　　　)

　A　帽子（ぼうし）　　　　B　セーター　　　　C　腕時計（うでとけい）　　　D　靴（くつ）

問題四、次の問題には絵はありません。録音を聞いて、正しい答えを一つ選んでください。

　　　MP3 10-3-04

1. (　　　)　　　　2. (　　　)　　　　3. (　　　)　　　　4. (　　　)

問題五、録音を聞いて、次の文を完成してください。録音は3回繰り返します。 MP3 10-3-05

　昨日（きのう）はとても①＿＿＿＿＿です。授業（じゅぎょう）の後（あと）、僕（ぼく）は図書館（としょかん）へ行きました。図書館（としょかん）は②＿＿＿＿＿＿＿＿し、クーラーもありますから、とても③＿＿＿＿＿＿＿です。1時間ぐらい勉強（べんきょう）しました。④＿＿＿＿＿＿＿を全部（ぜんぶ）しました。午後（ごご）は授業（じゅぎょう）がなかったから、学校（がっこう）の⑤＿＿＿＿＿＿＿に行きました。僕（ぼく）は水泳（すいえい）があまり上手（じょうず）ではありませんが、泳（およ）ぐのが⑥＿＿＿＿＿＿＿です。暑（あつ）い夏（なつ）はやっぱり水（みず）の中（なか）が⑦＿＿＿＿＿＿＿ですね。

解答

問題一、絵を見て、正しい答えをA、B、Cの中から一つ選んでください。 MP3 10-3-01

🎧 **听力原文**

1. 正しい説明はどれですか。
    A　白いスーツです。
    B　黒いネクタイです。
    C　白いワイシャツです。
2. 正しい説明はどれですか。
    A　長くて細いズボンです。
    B　長くて地味なスカートです。
    C　短くて派手なワンピースです。

✎ **答案**

1. C　2. B

問題二、絵を見て、正しい答えをA、B、C、Dの中から一つ選んでください。 MP3 10-3-02

🎧 **听力原文**

1. 友達同士が携帯電話で話しています。李さんはこれから何をしますか。
    女1：もしもし、李さん、今、暇ですか。
    女2：うん、もう授業がないから、今、家に帰ります。
    女1：じゃ、ちょっとテニスをしませんか。
    女2：テニス？いいですけど、私、あまり上手じゃありませんよ。
    女1：大丈夫ですよ。
    女2：そう？じゃ、すぐ行きますね。
2. 男の人と女の人が話しています。男の人は明日何をしますか。
    女：田中さん、お疲れ様でした。
    男：お疲れ様！今週は本当に忙しかったですね。
    女：そうですね。明日の土曜日、またお仕事ですか。
    男：いや、明日は休みです。
    女：どこかへ出かけますか。
    男：山も海も行きたいけど、やっぱり家で息子と遊びます。
    女：いいお父さんですね。

✎ **答案**

1. C　2. D

問題三、録音を聞いて、A、B、C、Dの中から正しい答えを一つ選んでください。 🎧MP3 10-3-03

🎧 **听力原文**

1. 男の人と女の人が話しています。女の人はお母さんに何をあげましたか。

女：昨日は母の誕生日でした。

男：お母さんに何かプレゼントをあげましたか。

女：ええ、ネックレスをあげました。父はセーター、兄はかばんをあげました。

男：そうですか。

女：そして、姉がイチゴのケーキを作りました。夜の誕生日パーティーでみんなで食べました。とても美味しかったです。

女の人はお母さんに何をあげましたか。

2. 男の人と女の人が話しています。男の人はお父さんから何をもらいましたか。

男：小林さん、おはようございます。

女：高橋さん、おはようございます。素敵な帽子ですね。

男：誕生日に姉からもらいました。このセーターもプレゼントです。母がくれました。

女：いいですね。

男：それから、この腕時計も靴も誕生日プレゼントです。腕時計は父からもらいました。靴は兄からもらいました。

女：そうですか。

男の人はお父さんから何をもらいましたか。

✍ **答案**

1. A   2. C

問題四、次の問題には絵はありません。録音を聞いて、正しい答えを一つ選んでください。

🎧MP3 10-3-04

🎧 **听力原文**

1. 山田さんはどんな人ですか。

男：山田さんは頭がいいですが、人と話すのが苦手です。そして、賑やかなところも苦手です。よく1人で本を読みます。また、スポーツがそんなに得意ではありませんが、毎朝ジョギングをします。

山田さんはどんな人ですか。

A　頭がよくない人

B　人と話すのが苦手な人

C　賑やかなところが好きな人

D　スポーツが得意な人

2. 2人はどんなかばんにしましたか。

妻：あなた、来週の水曜日、良子の誕生日でしょう？

夫：ああ、そうだね。20歳の誕生日だよね。

妻：誕生日プレゼントに、この黄色いかばんはどう？今はバーゲンだから安いわよ。先週までは高かったけど。

夫：ちょっと派手じゃないか。

妻：そう？ちょっと地味なのがいいかなあ。じゃ、この青いのはどう？でも、大丈夫よ。良子は黄色が好きだから。

夫：じゃ、これにしよう。

2人はどんなかばんにしましたか。

A　値段が高いかばん　　　　　　　　B　地味なかばん

C　黄色いかばん　　　　　　　　　　D　青いかばん

3. 百合子ちゃんはどの子ですか。

男：あ、子どもがたくさんいますね。山田さんのお子さんはどの子ですか。

女：ほら、あの子ですよ。あの髪が短い子。

男：ああ、お子さんは背が高いですね。

女：いいえ、あの背が高い子は百合子ちゃんです。うちの子は百合子ちゃんの左の背が低い子です。

百合子ちゃんはどの子ですか。

A　髪が短くて背が高い子

B　髪が短くて背が低い子

C　髪が長くて背が高い子

D　髪が長くて背が低い子

4. 鈴木さんの奥さんはどんな人ですか。

女1：鈴木さんの奥さんはどんな方ですか。

女2：元気いっぱいで、いつも明るい人ですよ。

女1：え？そうですか。鈴木さんは真面目で、無口な人ですけどね。

女2：そうなんですよ。それに奥さんは歌もダンスもとても上手です。

鈴木さんの奥さんはどんな人ですか。

A　無口で、歌もダンスも上手な人

B　無口で、歌もダンスも下手な人

C　明るくて、歌もダンスも上手な人

D　明るくて、歌もダンスも下手な人

📝 答案

1. B　2. C　3. A　4. C

問題五、録音を聞いて、次の文を完成してください。録音は3回繰り返します。 MP3 10-3-05

🎧 **听力原文及答案**

　　昨日はとても①暑かったです。授業の後、僕は図書館へ行きました。図書館は②静かだし、クーラーもありますから、とても③涼しかったです。1時間ぐらい勉強しました。④宿題を全部しました。午後は授業がなかったから、学校の⑤プールに行きました。僕は水泳があまり上手ではありませんが、泳ぐのが⑥大好きです。暑い夏はやっぱり水の中が⑦一番ですね。

比較

東京スカイツリーのほうがずっと高いです

聞く前に

まず自分で確認しましょう。録音を聞いて質問に答えてみてください。 MP3 11-1-00

答案范例

1. 王さんは 張 さんより背が高いです。
   山田さんはアメリカ留学経験があるから、佐藤さんより、英語がずっと上手です。
2. 南向きの部屋は北向きの部屋より明るくて暖かいです。
   タクシーより、バスのほうが安いです。
3. 上海タワーは632メートルで東方テレビタワーよりずっと高いです。

基礎編

▶ 聞いて選びましょう

一、録音を聞いて、その内容と合っているものに○を、違うものに×をつけてください。
MP3 11-1-01

🎧 听力原文

1. 男：これは鍵です。左の鍵は右の鍵より短いです。

2. 女：これは鯉のぼりです。この鯉のぼりは、一番下の青い鯉は黒い鯉より長いです。

3. 男：これは湯呑みです。とてもきれいです。左の湯呑みは右よりちょっと大きいです。

4. 女：大きな椅子は太郎の椅子で、小さい椅子は次郎のです。太郎の椅子は次郎のより
   ちょっと大きいです。

5. 女：祐介君と花子ちゃんは同じ幼稚園ですが、祐介君は花子ちゃんよりちょっと背が高いです。

6. 男：ママは、いつも厳しいですが、パパはよく肩車をしてくれます。パパはママより優しいです。

答案

1. ○　2. ×　3. ×　4. ○　5. ○　6. ○

解析

判断录音内容与图片表达内容是否一致。主要练习表示比较的表达方式。

- 第2题图片所示内容的正确说法是「一番下の青い鯉は黒い鯉より短いです」。「鯉のぼり」（鲤鱼旗）是日本5月5日男孩节前后悬挂在家门口或者公园等地的彩旗，以此来祈祷男孩健康成长、早日成才，和中国的鲤鱼跳龙门的典故有关。从上到下、从大到小分别是「吹き流し、真鯉、緋鯉、子鯉」（飘带、黑鲤鱼、红鲤鱼、蓝鲤鱼）。

- 第3题图片所示内容的正确说法是「左の湯呑みは右よりちょっと小さいです」。图示的两个茶杯也叫「夫婦湯呑み茶碗」，指夫妻用的成对的茶杯。

- 第6题中「肩車をする」的意思是"让孩子坐在大人的肩膀上，逗孩子开心"。相关的幼儿用语有「だっこする」（抱小孩）、「おんぶする」（背小孩）等。

二、会話を聞いて、その内容と合っている絵を選んでください。 MP3 11-1-02

听力原文

1. 男：いろいろな傘がありますね。どれがいいかな。

　女：私は長い傘より折り畳み傘のほうがいいと思いますけど。

　男：そうですね。梅雨の季節はこっちのほうが便利ですね。

2. 女：ひろし君、今回、数学の試験はとても良かったですね。数学が好きでしょう。

　男：いいえ、別に。僕は数学より、英語のほうが好きです。

　女：え、どうして？

　男：英語の先生は明るくて優しいからです。

3. 女：これ、うちのワンちゃんの写真、「デイデイ」というの。可愛いでしょう。

　男：本当に可愛いですね。

　女：あきお君はどんな犬が好きですか。

　男：そうですね。ぼくは、やはり黒い犬より、小さくて白くて可愛い犬のほうが好きです。

　女：私も一緒。

4. 女：引越しをしたいんですけど、子どもがいるから、どんな家がいいのかな。

　　男：お子さんのいるご家庭は、マンションより、一戸建てのほうがいいと思いますよ。お庭があるので、お子さんは庭で遊べるし。

　　女：そうですね。じゃ、そっちのほうを見せてください。

5. 女：左の写真は、東京スカイツリーで、右の写真は東京タワーです。

　　男：赤いほうが、東京タワーですね。

　　女：そうです。高さは、約333メートルです。

　　男：じゃ、どっちが高いですか。

　　女：ええと、左の東京スカイツリーは634メートルで、東京スカイツリーのほうがずっと高いです。

　　男：へえ、でも、どっちも素晴らしいですね。

答案

1. B　2. A　3. B　4. A　5. A

解析

　　根据录音内容选择相应的图片。解题方法是先判断A与B的区别，然后听录音进行辨别。重点听和图片内容相关的表示比较的形容词。

- 第1题中，A是「長い傘」（长伞），B是「折り畳み傘」（折叠伞）。关键语句是「私は長い傘より折り畳み傘のほうがいいと思います」（比起长伞，我更喜欢折叠伞），故答案为B。类似的可折叠的东西还有「折り畳みベッド」（折叠床）、「折り畳み椅子」（折叠椅）、「折り畳みテーブル」（折叠桌）、「折り畳み自転車」（折叠自行车）等。

- 第2题中，A是「英語の先生」（英语老师），B是「数学の先生」（数学老师）。关键语句是「英語の先生は明るくて優しいからです」（因为英语老师性格开朗又很温柔），故答案为A。

- 第3题中，A是「黒い犬」（黑狗），B是「白い犬」（白狗）。关键语句是「ぼくは、やはり黒い犬より、小さくて白くて可愛い犬のほうが好きです」（比起黑狗，我更喜欢可爱的白狗），故答案为B。「ワンちゃん」是对狗的昵称，由拟声词「ワンワン」（狗汪汪叫）而来。

- 第4题中，A是「一戸建ての住宅」（独栋住宅），B是「マンション」（公寓）。关键语句是「マンションより、一戸建てのほうがいいと思いますよ」（跟公寓相比，我觉得独栋住宅更好），故答案为A。

- 第5题中，A是「東京スカイツリー」（东京晴空树），B是「東京タワー」（东京塔）。关键语句是「東京スカイツリーのほうがずっと高いです」（东京晴空树更高），故答案为A。也可以通过所听到的两个建筑物的高度来进行判断。「東京スカイツリー」是位于东京都墨田区的电波塔，2012年2月竣工，高度为634米。2011年11月17日被吉尼斯世界纪录认证为"世界第一高塔"，成为全世界最高的自力式电波塔。「東京タワー」位于东京都港区，1958年10月竣工，是一座以巴黎埃菲尔铁塔为范本建造而成的红白色铁塔，高度为333米。

三、録音を聞いて、その内容と合っているものを選んでください。 🎧 MP3 11-1-03

🎧 **听力原文**

1. 電車と観光バスと、どちらがいいですか。

　　女：私は東京へ遊びに行きたいのですが、東京を一回りするのに、電車と観光バスと
　　　　どっちがいいと思いますか。

　　男：電車は安いからいいですが、やっぱり観光バスのほうがいいですよ。ガイドさんが
　　　　ついているから、色々説明してくれますよ。

2. 佐藤さんと田中さんと、どちらが背が高いですか。

　　女：これ、この間のゼミ旅行の写真ですか。

　　男：ええ、そうです。

　　女：みんな背が高くて、格好がいいですね。この眼鏡の人はお友達の佐藤さんですね。
　　　　佐藤さんは一番背が高いですね。

　　男：いいえ、実は、佐藤さんより一番前の列の田中さんのほうがちょっと高いですよ。
　　　　185センチもあります。

3. かばんと財布と、どちらが高いですか。

　　女：この間、デパートへ行って、ちょうどバーゲンセールがあって、それで、かばんと
　　　　財布をセットで買いました。ねえ、このかばんと財布とどっちが高いと思います
　　　　か。

　　男：そうですね。大きいから、かばんがもちろん高いでしょう。

　　女：いいえ、違います。この財布はブランド物で、かばんより3,000円も高かったんで
　　　　すよ。

　　男：そうですか。それは意外でした。

4. 二人はどの料理にしますか。

　　男：うわ、色々な料理がありますね。今日は何にする？

　　女：日本料理はおいしいですが、高いでしょうね。

　　男：いいえ、それほど高くないよ。お昼の定食は一人1,500円ぐらいで十分です。気に
　　　　しないで、今日は僕がご馳走しますから。

　　女：本当？ありがとう。それじゃ、お言葉に甘えて。

📝 **答案**

1. B　2. B　3. B　4. A

💡 **解析**

　　判断录音内容与文字信息是否对应，重点听题目涉及的主要内容。

- 第1题要求辨别是「電車」（电车）还是「観光バス」（旅游大巴）。关键语句是「やっぱり観光バスのほ

うがいいですよ」（还是旅游大巴好），故答案为B。

- 第2题要求辨别是「佐藤さん」（佐藤）的个子高还是「田中さん」（田中）的个子高。关键句是「佐藤さんより一番前の列の田中さんのほうがちょっと高いですよ」（比起佐藤，田中的个子要高一些），故答案为B。中国一般会说"身高为1.8米"或者"身高1.65米"等，而日本一般说成「180センチ」（180厘米）「165センチ」（165厘米）。

- 第3题要求辨别是「かばん」（手提包）还是「財布」（钱包）。关键语句是「この財布はブランド物で、かばんより3,000円も高かったんですよ」（这款钱包是名牌，比手提包还要贵3,000日元呢），故答案为B。有关日本商店的打折说法有「バーゲンセール」「バーゲン」「セール」「安売り」「割引」等。名牌商品可以说成「ブランド物」「ブランド品」「ブランド商品」「有名ブランド」「メーカー品」等。

- 第4题要求辨别是「日本料理」（日本菜）还是「中華料理」（中国菜）。会话围绕「日本料理」展开，当女生说「日本料理はおいしいですが、高いでしょうね」（日本料理好吃，但是太贵了）时，男生说「気にしないで、今日は僕がご馳走しますから」（别在意，今天我请客），故答案为A。自己请别人为「ご馳走する」，别人请自己为「ご馳走になる」。「お言葉に甘えて」是个客套话，一般表示接受别人的好意，意思为"承蒙您一片好意，那就恭敬不如从命了"。

聞いて書き入れましょう

四、会話を聞いて、例のように書いてください。　MP3 11-1-04

听力原文

例

女：山下さんはいつもどうやって大学へ行きますか。

男：バイクですよ。1か月前、バイクを買ったんです。前は自転車でしたが、今はバイクでずっと速いですよ。

女：それはバイクのほうが速いですよ。でも、危ないでしょう。気をつけたほうがいいですよ。

男：心配屋ですね。大丈夫、大丈夫、もう慣れましたから。

1. 女：たけし君、好きな女性はどんなタイプですか。

　男：そうですね。うまく言えないんですが、とりあえず、暗い性格より、明るい性格のほうがいいと思います。

　女：へえ、性格が大切なんですね。

2. 女：もしもし、お父さん？今駅に着いたよ。

　男：お、お帰り。旅行は楽しかった？荷物が多いだろう。今、車で迎えに行くよ。

　女：ありがとう。じゃ、駅の西口で待ってる。

男：西口より東口のほうが便利だな。駐車場があるから。

女：はい、分かった。

答案

1. 暗い性格　明るい性格　2. 西口　東口

解析

　　听有关事物比较的会话，根据比较的结果，完成填空题。解题前先阅读题目，重点听会话中用表示比较的句型「～より～の方が～」与「～は～より～」表述的内容。

- 第1题是问喜欢哪种类型的女孩，涉及到人物的性格。比较的结果已经在题目上表示出来，只要注意听具体的性格特点就可以了。
- 第2题是选择车站的出口，是「西口」（西口）还是「東口」（东口）。通过「西口より東口のほうが便利だ」（比起西口，东口更方便）可知是选择东口，并且解释是因为东口有停车场。

五、会話を聞いて、例のように書いてください。 MP3 11-1-05

听力原文

例

女：わあ、新しいパソコン、格好いいですね。

男：そうでしょ。12万円でちょっと高いけど、前のパソコンよりずっと速いです。

1. 女：佐藤さん、寮の3階に住んでいますね。

男：ええ、前は1階でした。ちょっと狭くて暗かったです。

女：じゃ、今のお部屋はどうですか。

男：今の部屋は6畳もあります。前は4畳半でしたけど。

女：じゃあ、今の部屋は前よりずっと広いですね。

2. 男：山田さんは生け花と日本料理がご趣味なんですね。どちらがお好きですか。

女：そうですね。生け花は学生時代からの趣味ですが、今は日本料理のほうが好きです。

男：そうですか。料理の上手な奥さんで、ご家族はお幸せですね。

女：いいえ、そんなことはありません。

3. 女：もしもし、今、北海道でしょう。

男：うん、今、札幌のホテルにいるけど。

女：そちらは今夜、寒いですか。

男：寒いよ。えっと、東京より10度ぐらい寒いかな。

答案

1. 前の部屋　ずっと広いです　2. 生け花　好きです　3. 東京　（10度ぐらい）寒いです

解析

听有关比较对象和比较结果的会话，完成填空内容。解题前要先阅读题目，明确听力任务。

- 第1题中「畳」是日式房间的面积单位，「1畳」≈1.65㎡，「2畳」=「1坪」≈3.3㎡，所以「6畳」和「4畳半」的房间大约是9.9㎡和7.4㎡。
- 第2题会话中谈到了这个女士的兴趣是「生け花」（插花）和「日本料理」（日本料理），男士问更偏好哪一个。可通过「生け花は学生時代からの趣味ですが、今は日本料理のほうが好きです」（插花是从学生时代就感兴趣的事情，但现在更喜欢日本料理）来判断。

応用編

聞いて書き入れましょう

六、録音を聞いて、次の文を完成してください。 MP3 11-1-06

听力原文

これは私の本棚です。いろいろな本があります。左のほうは、日本語能力試験の本です。日本語能力試験のN1はN2よりずっと難しいです。この真ん中の厚い本は、辞書です。漫画で言葉の意味を説明しています。ほかの辞書より、面白くて分かりやすいです。右から二番目の本は文学の本で、私のゼミの参考書です。字が小さくて、読みにくいです。

答案

1. 日本語能力試験　（日本語能力試験の）N1　N2
2. 面白く　分かりやすい　3.参考書　字が小さく

解析

听录音完成图片中的填空内容。解题前要仔细看图，明确听力任务，关注关键信息。

本题图片中是「本棚」（书架）的一角，录音内容为书架主人介绍书架上的书籍。先阅读题目中的信息，明确要填写的内容，结合图片内容边听录音边完成填空。解题时要先确认图片下方的1、2、3与题目文字的对应关系，然后确认箭头所指的书各有什么特点，听出比较的对象或者比较的结果。

七、録音を聞いて、＿＿＿＿＿に適当な言葉を書き入れてください。録音は3回繰り返します。

MP3 11-1-07

听力原文及答案

この果物屋さんは、色々な果物を売っています。どれも①<u>新鮮でおいしい</u>です。果物の中で、私はリンゴが②<u>一番好き</u>です。甘くておいしいからです。そのほか、バナナもみか

んも好きです。日本ではバナナはリンゴより③ずっと安いです。日本のみかんは、Lサイズ、Mサイズ、Sサイズがあります。Lサイズより④Sサイズのほうが甘くておいしいですが、ちょっと高いです。

💡 **解析**

（略）

11-2 一年の中でどの季節が一番好きですか

聞く前に

まず自分で確認しましょう。録音を聞いて質問に答えてみてください。 MP3 11-2-00

答案范例

1. 中国語と日本語と韓国語の中でどれが一番簡単ですか。
2. 夏は、東京より北京のほうが暑いです。
3. 日本では野球のほうがもっと人気があります。

基礎編

聞いて選びましょう

一、録音を聞いて、その内容と合っているものに○を、違うものに×をつけてください。

MP3 11-2-01

听力原文

1. 女：スイカジュースとリンゴジュースがあります。スイカジュースはリンゴジュースより200円安いです。

2. 男：うちには車が2台あります。白い車より黒い車のほうが大きいです。

3. 女：辞書が3冊あります。この中で左の辞書が一番厚くて重いです。

4. 男：私の家に洋室と和室があります。洋室は子どもの部屋で、和室ほど広くありません。

5. 女：日本料理の中で私はお寿司が一番好きです。よく回転寿司を食べます。

6. 男：これから3日間の天気ですが、東京は、土曜日が、一番気温が高いです。日曜日と月曜日はそれほど高くありません。

答案

1. × 2. × 3. ○ 4. ○ 5. ○ 6. ×

解析

　　判断录音内容与图片表达内容是否一致。主要练习表示比较的句型，要注意比较的对象和比较的结果，听录音前要快速浏览图片内容。

- 第3题图片最左边的是《日汉双解学习词典》，在三本词典中是最厚的，也相对最重。
- 第4题图片是日本房屋结构图，其中包括「和室」（日式房间）和「洋室」（西式房间）。一般日式房间铺有榻榻米，西式房间则是摆放着床。

二、会話を聞いて、その内容と合っている絵を選んでください。 MP3 11-2-02

🎧 **听力原文**

1. 女：たくさんの冷蔵庫があるんですね。ねえ、これとこれ、どっちがいいと思う？

   男：黒のほうはどうかな。値段は銀色より安い。

   女：でも、銀色のほうが大きいし、省エネですよ。毎日使うものだから、少し高くても省エネのほうがいいんじゃないですか。

   男：うん。じゃあ、これにしよう。

2. 女：山田さん、春、夏、秋、冬、一年の中でどの季節が一番好きですか。

   男：そうですね。秋が一番好きです。収穫の秋、真っ赤な紅葉はとてもきれいです。去年の秋、京都の清水寺へ紅葉を見に行きましたよ。素晴らしかったです。

3. 女：中国人はサッカーが好きですが、日本人は野球のほうですよね。

   男：そうですね。野球のファンは多いですね。

   女：じゃ、日本では、野球とサッカーとでは、どっちが人気がありますか。

   男：野球のほうがもっと人気があると思いますけど。

4. 女：日本人は、お米と小麦は、どっちをたくさん食べますか。

   男：食生活の中で、日本人は、めん類より、やっぱりご飯をよく食べると思いますよ。

   女：そうですか。

   男：新潟県、秋田県など、有名なお米の産地がたくさんあります。

✏ **答案**

1. A 2. B 3. B 4. B

💡 **解析**

　　根据录音内容选择相应的图片。解题方法是先判断A与B的区别，然后听录音进行辨别。重点听表示比较的表达方式。

- 第1题中，A的特点是「銀色・省エネ」（银白色，节能），B的特点是「黒・特別価格」（黑色，特价）。关键句是「銀色のほうが大きいし、省エネですよ」（银白色的冰箱大且节能），故答案为A。
- 第2题中，A是「桜の花」（樱花），B是「紅葉」（红叶）。关键语句是「秋が一番好きです」（我最喜欢秋天），故答案为B。「清水寺」（清水寺）位于京都，与金阁寺、二条城并列为日本京都的三大名胜，也是欣赏樱花和枫叶的著名观光景点。
- 第3题中，A是「サッカー」（足球），B是「野球」（棒球）。关键句是「野球のほうがもっと人気が

ある」（棒球更受欢迎），故答案为B。

- 第4题中，A是「小麦粉」（面粉，小麦粉），B是「お米」（大米）。关键句是「日本人は、めん類より、やっぱりご飯をよく食べる」（比起面食，日本人还是米饭吃得多），故答案为B。日本人的主食以大米为主，其中「新潟県」（新潟县）、「北海道」（北海道）、「秋田県」（秋田县）、「茨城県」（茨城县）、「山形県」（山形县）为主要的大米产地。

三、録音を聞いて、その内容と合っているものを選んでください。 🅼🅿3 11-2-03

🎧 **听力原文**

1. 和室と洋室と、どちらを予約しましたか。

男：部屋の予約をお願いしたいんですが。

女：ありがとうございます。いつでしょうか。

男：来週の土曜日で2人です。

女：2名様ですね。えっと、和室と洋室とどちらがよろしいでしょうか。

男：洋室のほうがいいんですが。

女：洋室ですね。はい、かしこまりました。では、お名前とお電話番号をお願いします。

2. 今年の1月の平均気温は、北京と東京と、どちらが高いですか。

女：北京の1月の平均気温はマイナス5度ぐらいです。冬はかなり寒いです。

男：そうですか。東京のほうが高いですね。1月の平均気温は5度ぐらいで、北京よりずっと高いですね。

3. 東日本と西日本とどちらが料理の味が濃いですか。

女：日本料理の味、地域によっていろいろ違いますね。

男：そうですね。例えば、ラーメンの味は、北海道と九州と、かなり違います。

女：そうですか。じゃ、東日本と西日本とどちらが濃い味ですか。

男：東日本のほうがちょっと濃い味ですね。

4. 日本人の一番住みたい街はどこですか。

女：日本人の一番住みたい街はどこだと思いますか。

男：それはもちろん、東京か大阪でしょう。

女：いいえ。実は横浜市がトップでした。次は札幌市、福岡市の順でした。

男：なるほど、横浜ですか。東京に近いし、いろいろ便利だからでしょうね。

📝 **答案**

1．A　2．B　3．A　4．A

解析

判断录音内容与文字信息是否对应。重点听题目涉及的主要内容。

- 第1题要求辨别的是「洋室」还是「和室」。根据录音知道客人想订房间。关键句是「洋室のほうがいいんですが」（还是西式房间比较好）。日本预订房间时通常有西式和日式两种选择，即选有床的房间还是榻榻米房间，两种房间价格差不多。
- 第2题要求辨别1月的平均气温是北京高还是东京高。关键语句是「東京のほうが高いですね」（东京的气温相对高一点），故答案为B。
- 第3题要求辨别是「東日本」（东日本地区）还是「西日本」（西日本地区）。关键句是「東日本のほうがちょっと濃い味ですね」（东日本地区的口味要重一些），故答案为A。「東日本」是指日本列岛东半部地区，具体指中部地区以东的日本关东地区、日本东北地区和北海道等。「西日本」指日本列岛西半部地区，具体指中部地区以西的日本近畿地区、日本中国地区、日本四国地区、日本九州地区等。
- 第4题的内容是关于日本人希望居住在哪座城市。文中提到了横滨、札幌和福冈这三个城市。根据题目选项的提示，我们知道需要选横滨或是札幌。关键句是「横浜市がトップでした」（横滨居首位），故答案为A。

聞いて書き入れましょう

四、佐藤さんのことについてよく聞いてください。会話を聞いて、例のように書いてください。

MP3 11-2-04

听力原文

例

女：佐藤さんは外食の時、どんなものが好きで、よく食べますか。

男：そうですね。カレー、ラーメン、ハンバーガーなど、まあ、色々ありますけど。

女：じゃ、カレーが一番好きですか。

男：いいえ、カレーより、僕は、ラーメンのほうが好きです。

女：そうですか。ラーメンは味噌味、しょうゆ味、塩味などがあって、どれもおいしいですね。

1. 女：佐藤さん、海外旅行なら、どの国が一番いいと思いますか。

男：イタリアやフランス、中国などいろいろありますよ。でも、イタリア語もできないし、フランス語もできません。やっぱり中国が一番いいです。

女：えっ、どうしてですか。

男：中国語は、漢字を使いますから、なんとか分かるでしょう。

2. 女：佐藤さん、卒業してからどんな仕事をしたいですか。

男：公務員がいいですが、試験が難しくて、僕には無理です。僕は、旅行が大好きですから、公務員より旅行会社のガイドをしたいですね。

女：そうですか。色々なところを回ることができて、素敵ですね。

📝 **答案**

1. 中国　2. 旅行会社のガイド

💡 **解析**

听出会话中与佐藤相关的信息，完成填空题。解题前要仔细阅读题目，明确需要听的关键信息。

- 第1题中虽然出现多个干扰信息，但是从题目可知要听出的是"最想去哪个国家旅游"，只要听出相应的国名就可以了。
- 第2题中从题目可知要听出的是"最想从事什么工作"，会话中共出现两处与职业相关的信息，因此解题关键是要听说话人对两种职业的不同态度，分别为「僕には無理です」（我可干不了）和「公務員より旅行会社のガイドをしたいですね」（比起公务员，我更想当导游）。

五、会话を聞いて、例のように書いてください。🎧 MP3 11-2-05

🎧 **听力原文**

例 日本でどの島が一番大きいですか。

女：日本は島国ですから、たくさんの島がありますね。

男：そうですね。大きい島は四つあります。北海道、本州、九州、四国です。

女：じゃ、その中でどれが一番大きいですか。

男：もちろん本州ですよ。次は北海道、九州、四国の順です。

1. 桜温泉に行くには何が便利ですか。

男：来月の連休に、友達と桜温泉に行く予定なんですが。

女：それはいいですね。私も去年行きました。最高でしたよ。

男：そうですか。楽しみです。で、乗り物なんですが、何が便利ですか。

女：そうですね。飛行機は高いし、温泉は空港から遠いから不便ですよ。新幹線のほうが便利ですよ。駅も近いですし。

2. 日本人の名前で、どんな名前が一番多いですか。

女：李さん、ちょっとクイズをしますね。日本人の名前でどんな名前が一番多いでしょうか。

男：山田さんですか。

女：いいえ、違います。佐藤さんが一番多いです。次は鈴木さんです。じゃ、3位は何だと思いますか。

男：3位ですか。えっと、田中さんですか。

女：いいえ、実は高橋さんでした。

答案

1.高い　空港　新幹線　2.佐藤さん　鈴木さん　高橋さん

解析

听出两个或者两个以上比较的对象和结果，完成填空题。解题前要仔细阅读题目，明确听解任务。

- 第1题介绍了去温泉旅游的两种路径。坐飞机去价格贵，温泉离机场也远。关键句是「新幹線のほうが便利ですよ」（新干线方便）。
- 第2题是介绍日本姓氏排行榜的前三名依次是「佐藤」（佐藤）、「鈴木」（铃木）、「高橋」（高桥）。另外，姓氏也可以说是「苗字・名字」（姓）。文中用的「名前」（姓名）是一种泛指。

応用編

聞いて書き入れましょう

六、録音を聞いて、次の文を完成してください。 MP3 11-2-06

听力原文

鹿児島から屋久島への行き方が三つあります。フェリーと高速船と飛行機です。この三つの乗り物の中で、フェリーは一番時間がかかります。でも、値段は高速船と飛行機より安いです。高速船はフェリーより速いですけれど、値段はフェリーより2倍ぐらい高いです。飛行機は空港から島まで40分ぐらいしかかからないので、一番速いです。

答案

1.時間がかかります　安い　2.速い　（2倍ぐらい）高い　3.40分ぐらい　速い

解析

听录音完成图片的填空内容。解题前要仔细看图，明确听力任务，关注关键信息。

图中列出了从鹿儿岛机场到屋久岛的三条线路，注意看和听三条线路分别使用的交通工具、所需时间及价格的比较。

七、録音を聞いて、＿＿＿＿に適当な言葉を書き入れてください。録音は3回繰り返します。

MP3 11-2-07

听力原文及答案

私は日本の漫画や①アニメが大好きです。その理由は、ストーリーが②面白いとか、

ジャンルが③多いとか、いろいろあります。去年の漫画の中で『風の少年』が④一番好き
でした。この漫画は、10代の子供たちにたいへん⑤人気がありますから、ぜひみなさんに
おすすめです。

💡 解析

（略）

練習問題

問題一、絵を見て、正しい答えをA、B、Cの中から一つ選んでください。 MP3 11-3-01

1.

（　　）

2.

（　　）

問題二、絵を見て、正しい答えをA、B、C、Dの中から一つ選んでください。 MP3 11-3-02

1.

A

B

C

D

2.

A

B

C

D

問題三、録音を聞いて、A、B、C、Dの中から正しい答えを一つ選んでください。 MP3 11-3-03

1. （　　　　）
 A　コンビニ　　　　　B　果物屋　　　　　C　八百屋　　　　D　スーパー
2. （　　　　）
 A　いつもの青いシャツ　B　新しい赤いシャツ　C　いつもの上着　D　新しい上着

問題四、次の問題には絵はありません。録音を聞いて、正しい答えを一つ選んでください。
MP3 11-3-04

1. （　　　　）　　　　2. （　　　　）　　　　3. （　　　　）　　　　4. （　　　　）

問題五、録音を聞いて、次の文を完成してください。録音は3回繰り返します。 MP3 11-3-05
　　日本ではお米が①＿＿＿＿＿＿＿＿＿＿から、昔から、日本人は中国人より②＿＿＿＿＿＿＿＿＿
＿＿＿。日本では、新潟県、秋田県、北海道など、お米の産地として③＿＿＿＿＿＿＿＿＿＿＿。その
うち、新潟県のコシヒカリは、日本で④＿＿＿＿＿＿＿＿＿＿。お米は、日本人の⑤＿＿＿＿＿＿＿＿
＿＿＿＿に欠かせない存在です。

解答

問題一、絵を見て、正しい答えをA、B、Cの中から一つ選んでください。 MP3 11-3-01

🎧 **听力原文**

1. どのビルが高いですか。
    A　左のビルは右のビルよりずっと低いです。
    B　左のビルは右のビルよりずっと高いです。
    C　左のビルは右のビルほど高くありません。
2. 左の恐竜は、右の恐竜ほど、強くありません。
    A　左の恐竜のほうが強いです
    B　右の恐竜のほうが強いです。
    C　左の恐竜は右の恐竜より強いです。

✍ **答案**

1. B　2. B

問題二、絵を見て、正しい答えをA、B、C、Dの中から一つ選んでください。 MP3 11-3-02

🎧 **听力原文**

1. 純子さんが一番楽しく過ごした時間はいつですか。
    男：これは、全部、純子さんの写真ですか。
    女：そうですよ。小学校の入学式、中学校の卒業式、それから成人式と入社式の写真があ
    　　ります。
    男：じゃ、いつ、一番楽しく過ごしましたか。
    女：みんな思い出になったのですが、やっぱり成人式が一番楽しかったです。
    男：どうしてですか。
    女：成人式のあと、初めて彼氏とデートをしたからです。
2. 純子さんは、どんなアルバイトがいいと思いますか。
    男：純子さん、アルバイトを探していますよね。
    女：そうです。色々ありますよね。日本料理店のアルバイトとか、カフェのアルバイトが
    　　ありますね。引越しのアルバイトもあります。
    男：引越しは、女の子には無理ですよ。
    女：そうですね。でも、前の日本料理店は、寮から遠いし。やっぱりカフェバイトがいい
    　　なあ。けっこう楽な仕事ですから。

✍ **答案**

1. C　2. B

問題三、録音を聞いて、A、B、C、Dの中から正しい答えを一つ選んでください。 🎤MP3 11-3-03

🎧 **听力原文**

1. 家で女の人と男の人が話しています。男の人はこの後どこへ行きますか。

女：ちょっとコンビニに行って、たまごや果物を買ってきてくれない？

男：うん、いいよ。でもコンビニより、八百屋のほうが近くない？

女：あぁ、あそこは先月店をやめたんだよ。

男：そうか。便利だったのに、残念。

女：本当はコンビニよりスーパーのほうが安いけど、ちょっと遠いから、今日はいいよ。

男：そっか、じゃ、行ってくる。

男の人はこの後どこへ行きますか。

2. 弟と姉が話しています。弟はパーティーに何を着ていきますか。

男：今夜のパーティーなんだけど、どう？これ、この前買ったシャツ、いつもの青いシャツとどっちがいいかな。

姉：ああ、青いものいいけど、この新しい赤いシャツのほうがいいよ。

男：じゃ、こっちにしよう。

姉：でも、夜は寒いから、上着を着たほうがいいんじゃない？

男：あ、上着はかばんに入ってるよ。夜は着るよ。

弟はパーティーに何を着ていきますか。

✎ **答案**

1. A　2. B

問題四、次の問題には絵はありません。録音を聞いて、正しい答えを一つ選んでください。

🎤MP3 11-3-04

🎧 **听力原文**

1. この留学生の女性は、何が一番難しいと思いますか。

女：日本語は1年間ぐらい勉強しましたが、英語よりかなり難しいと思います。

男：えっ、そんなに難しいですか。じゃ、何が一番難しいと思いますか。敬語ですか。

女：敬語は難しいとみんな言っていますが、それより文法のほうがもっと難しいと思いますよ。

男：そうですか。なるほど、日本語の文法は難しいですね。

この留学生の女性は、何が一番難しいと思いますか。

A　敬語より文法のほうが難しいです。

B　文法より敬語のほうが難しいです。

C　敬語も文法も同じように難しいです。

D　文法は敬語ほど難しくないです。

2. お父さんの車とお母さんの車と、どちらが新しいですか。

　　女：この赤い車が母の車です。

　　男：小さくて可愛いですね。

　　女：そうでしょう。この隣の黒い車は、父の車で、大きいですけど、母の車よりずいぶん古くなりました。

　　男：何年ぐらい乗りましたか。

　　女：私が小学校の時、買ったのですが、もう8年ぐらいでしょう。

　　お父さんの車とお母さんの車と、どちらが新しいですか。

　　A　お父さんの車のほうが新しいです。

　　B　お母さんの車のほうが新しいです。

　　C　お母さんの車はそれほど新しくないです。

　　D　お父さんの車とお母さんの車は同じぐらい新しいです。

3. 佐藤さんの今の部屋はどうですか。

　　女：佐藤さん、寮の3階に住んでいますね。

　　男：ええ、前は1階でした。ちょっと狭くて暗かったです。

　　女：じゃ、今のお部屋はどうですか。

　　男：今の部屋は6畳もあります。前は4畳半でしたけど。

　　女：じゃあ、今の部屋は前よりずっと広いですね。

　　佐藤さんの今の部屋はどうですか。

　　A　4畳半で前より狭いです。

　　B　4畳半で前より暗いです。

　　C　6畳で前より広いです。

　　D　6畳で前より暗いです。

4. 東日本と西日本とどちらが料理の味が濃いですか。

　　女：日本料理の味、地域によっていろいろ違いますね。

　　男：そうですね。例えば、ラーメンの味は、北海道と九州と、かなり違います。

　　女：そうですか。じゃ、東日本と西日本とどちらが濃い味ですか。

　　男：東日本のほうがちょっと濃い味ですね。

　　東日本と西日本とどちらが料理の味が濃いですか。

　　A　ラーメンの味は、北海道は九州と同じです。

　　B　ラーメンの味は、北海道は九州より濃いです。

　　C　東日本の味は西日本より濃いです。

　　D　東日本の味は西日本ほど濃くありません。

📝 **答案**

1. A　2. B　3. C　4. C

問題五、録音を聞いて、次の文を完成してください。録音は3回繰り返します。 MP3 11-3-05

听力原文及答案

　　日本ではお米が①<u>よくとれます</u>から、昔から、日本人は中国人より②<u>よくお米を食べます</u>。日本では、新潟県、秋田県、北海道など、お米の産地として③<u>有名です</u>。そのうち、新潟県のコシヒカリは、日本で④<u>一番人気が</u>あります。お米は、日本人の⑤<u>食生活</u>に欠かせない存在です。

できごと（動作）

12-1 ゼミ旅行はバスツアーを利用します

聞く前に

まず自分で確認しましょう。録音を聞いて質問に答えてみてください。 MP3 12-1-00

答案范例

1. パンを食べる　テニスをする　テレビを見る　ピアノを弾く
2. 私は毎朝、6時に起きます。
　　私はいつも7時ごろ家を出て学校へ行きます。

基礎編

▶ 聞いて選びましょう

一、録音を聞いて、その内容と合っているものに○を、違うものに×をつけてください。

MP3 12-1-01

🎧 **听力原文**

1. 男：紙で飛行機を作ります。紙飛行機です。
2. 女：私は毎朝ミルクを飲みます。コップでミルクを飲みます。
3. 男：私はいつもエレベーターを利用します。階段はあまり使いません。
4. 女：佐藤さんはゴルフをしません。よくテニスをします。
5. 男：ぼくはあまりお寿司を食べません。ラーメンはよく食べます。
6. 女：休みの日は、学校へは行きません。いつも家で勉強します。

📝 **答案**

1. ○　2. ○　3. ○　4. ○　5. ×　6. ×

💡 **解析**

　　判断录音内容与图片表达内容是否一致。需要学会正确使用表示动作的日语表达方式。

- 第2题图片所示的是用玻璃杯喝牛奶。录音中的「コップ」一般指玻璃杯。另外杯子还有「コーヒーカップ」（咖啡杯）、「ワイングラス」（红酒杯）、「湯呑み」（茶杯）、「マグカップ」（马克杯）等，请注意区别使用。

- 第3题的图片所示的是男士正在乘坐电梯，通过「いつもエレベーターを利用します」（总坐电梯）可知与图片内容相符，并用「階段はあまり使いません」（不太走楼梯）来加以说明。乘坐电梯还可以说成「エレベーターに乗ります」。

- 第5题图片所示内容的正确说法是「ぼくはよくお寿司を食べます」（我经常吃寿司）。

- 第6题图片所示内容的正确说法是「学生たちはみんな学校で勉強します」（学生都在学校学习）。

二、会話を聞いて、その内容と合っている絵を選んでください。 🎧 MP3 12-1-02

🎧 **听力原文**

1. 女：何か、果物を食べましょうか。

　　男：今日は暑いから、冷たいものがいいですね。

　　女：じゃ、スイカにしましょう。

2. 女：山田さんの趣味は何ですか。

　　男：ぼくの趣味？前はピアノでしたが、今はよくギターを弾きます。

　　女：えっ、ギターですか。格好いいね。

3. 男：山本さんはワインをよく飲みますか。

　　女：いいえ、あまり飲みません。父は毎晩飲みますけど、私は、ビールぐらいかな。

　　男：じゃ、今夜の食事会、冷たいビールを飲みましょうか。

4. 女：佐藤さんはいつもバスで学校へ行きますか。それとも自転車ですか。

　　男：私はいつもバスを利用します。

　　女：まあ、佐藤さんの寮は駅に近いから、バスが便利かもね。

📝 **答案**

1. B　2. B　3. A　4. A

💡 **解析**

　　根据录音内容选择相应的图片。解题方法是先判断A与B的区别，然后听录音进行辨别。重点听辨图片所涉及的动作。

- 第1題中，A是「パイナップル」（菠萝），B是「スイカ」（西瓜）。关键句是「じゃ、スイカにしましょう」（那么，就吃西瓜吧），「じゃ」通常表示最后做出决定，后面的信息就是答案，故答案为B。

- 第2題中，A是「ピアノ」（钢琴），B是「ギター」（吉他）。本题的关键句是「前は〜、今は〜」（以前是……，现在是……）。「前はピアノ…、今はギター…」表示"以前（的兴趣）是钢琴，现在是吉他"，故答案为B。

- 第3題中，A是「ビール」（啤酒），B是「ワイン」（葡萄酒）。针对是否喜欢喝红酒的提问，直接回答为「いいえ、あまり飲みません」（不，不太喝），故答案为A。

- 第4題中，A是「バス」（公共汽车），B是「自転車」（自行车）。本题的解题关键是「私はいつもバスを利用します」（我总是乘公共汽车）。

三、録音を聞いて、その内容と合っているものを選んでください。 🎧 MP3 12-1-03

🎧 听力原文

1. 女：何か飲み物でも飲みましょうか。

   男：そうですね。

   女：じゃ、コーヒーはいかがですか。

   男：ぼくはお茶のほうがいいな。じゃ、お茶をください。

2. 男：明日の午後、一緒に映画を見に行きませんか。

   女：いいですね。どこで会いましょうか。

   男：2時ごろ、駅はどうですか。

   女：駅は人が多いですよ。

   男：そうですね。じゃあ、駅の前の喫茶店は？

   女：あ、そうしましょう。

3. 女：晩ご飯はどうするの？家で食べる？それとも外食？

   男：そうだなあ。レストランのほうが、おいしいけど、けっこうお金がかかるよね。

   女：じゃ、家で作るね。あなたも手伝ってね。

4. 男：お母さん、このおもちゃ、どこに入れるの？

   女：おもちゃ箱でいいわよ。まあ、これは小さいから、引き出しの中でもいいわね。

   男：はい。引き出しね。

✍ 答案

1. B 2. B 3. A 4. B

💡 解析

判断录音内容与文字信息是否对应，重点听动词的肯定表达方式。

- 第1題要求听辨是喝「コーヒー」（咖啡）还是喝「お茶」（茶）。关键句是「ぼくはお茶のほうがいい

な」（我还是喝茶吧），故答案为B。句型「～をください」表示购物或让别人给递某个东西，意思是"麻烦给我来个（拿个）……"。

- 第2题要求听辨的地点是「駅」（车站）还是「喫茶店」（咖啡馆）。因为「駅は人が多い」（车站人多），所以选择「喫茶店」（咖啡馆），故答案为B。

- 第3题要求听辨晚饭在「家」（家）自己做，还是选择「外食」（在餐馆就餐）。本题关键句是「家で作るね」（那就在家做饭吧），故答案为A。另外，「それとも」是接续词，表示二者选一，意思是"或者……"。

- 第4题要求听辨玩具是放到「おもちゃ箱」（玩具箱）还是「引き出し」（抽屉）里。本题关键是最后确认的语句「引き出しね」（放在抽屉里啊），故答案为B。

▶ 聞いて書き入れましょう

四、次は乗り物についての内容です。会話を聞いて、例のように書いてください。 🎧 MP3 12-1-04

🎧 听力原文

例

女：今度の日曜日、友達と一緒に桜を見に行きます。

男：えっ、どうやって行くんですか。

女：大学の近くですから、みんなで自転車で行きます。

男：花見ですか。いいですね。

1. 男：今度のゼミ旅行は京都へ行きますけど、全部で18人ですよね。

女：そうです。じゃ、どうやって行きましょうか。

男：新幹線は速いですが、高いですね。高速バスでいいでしょう。

女：はい。じゃ、私が電話して予約します。

2. 男：ああ、雨だ。今日、バスは無理ですね。説明会に遅れますよ。

女：そうですね。間に合いませんね。タクシーで行きましょうか。

男：じゃ、今電話でタクシーを呼びます。

✍ 答案

1. 高速バス　2. タクシー

💡 解析

　　听出会话中与交通工具相关的信息，完成填空题。在解题之前，应先明确「バス・タクシー・電車・飛行機」等各种交通工具的说法。

- 第1题出现「新幹線」（新干线）和「高速バス」（高速大巴）两个选项，题中「新幹線は速いですが、高

いですね」（新干线虽然快，但是贵），否定了新干线。「高速バスでいいでしょう」（还是坐高速大巴吧）是解题关键，表示乘坐便宜的高速大巴就可以了。一般高速大巴的费用是新干线的一半左右。

- 第2题出现交通工具「バス」（公共汽车）和「タクシー」（出租车）。解题关键是「タクシーで行きましょうか」（坐出租车去吧）。日本出租车很贵，工薪阶层不会轻易打车上班。在遇到雨雪天等恶劣天气时，人们经常会利用的公共交通工具多为「モノレール・電車・地下鉄」（单轨电车、电车、地铁）等轨道交通。

五、次は山田さんの一日の活動についての内容です。会話を聞いて、例のように書いてください。 MP3 12-1-05

🎧 听力原文

例

　男：山田さん、朝、何時ごろに電車に乗りますか。

　女：そうですね。7時ごろ家を出ます。そして7時15分の電車に乗ります。

　男：早いですね。

　女：そうですよ。私はいつも早寝早起きですから。

1. 男：山田さん、朝何時ごろ大学に着きますか。

　女：7時15分の電車に乗るので、だいたい、8時20分ごろ大学に着きます。

　男：家から大学まで、ずいぶん遠いんですね。

　女：ええ、でも、もう慣れました。

2. 男：今日の授業は何時から始まりますか。

　女：今日は日本語の授業だから、2時限目で、10時15分からです。

　男：毎日、日本語の授業があるんですか。

　女：ええ、週に5コマです。

3. 男：学校は何時ごろ、終わりますか。

　女：今日はサークル活動があるので、6時ごろ終わります。

　男：サークル活動？

　女：ええ、生け花教室なんです。

4. 男：学校が終わってから、何時ごろ家へ帰りますか。

　女：そうですね。サークル活動が終わってから、だいたい6時半に、電車に乗って家へ帰ります。

📝 答案

1. 8時20分ごろ　大学に着きます。　　2. 10時15分　授業が始まります。

3. 6時ごろ　学校が終わります。　　　4. 6時半　家へ帰ります。

🔆 解析

听出会话中谈及的时间及该时间点发生的事情或动作等信息，完成填空内容。

- 第2题中有「2時限目」一词，日本大学的一节课为90分钟，每节课叫「1時限目、2時限目…」，简称为「1限、2限…」，一节课在日语中叫做一个「コマ」。本题注意按要求听具体时间做什么就可以了。

- 第3题中出现了「サークル活動」（课外兴趣小组活动）一词，一般日本大学生放学后不马上回家或回宿舍，而是去参加课外活动，或者去打工。

応用編

▶ 聞いて書き入れましょう

六、録音を聞いて、次の文を完成してください。 MP3 12-1-06

🎧 听力原文

5月24日のゼミ旅行はバスツアーを利用します。朝、7時45分に集合します。バスは8時に出発します。集合場所は高速バスセンターです。夕方、6時ごろ、高速バスセンターに戻ります。費用は一人6,800円です。皆さん、ぜひご参加ください。

✐ 答案

1. 朝7時45分 8時 2. 高速バスセンター 3. 6,800円

🔆 解析

听录音完成图片中的填空内容。解题前要仔细看图，明确听力任务，关注关键信息。

本题是利用图片介绍旅行社旅游产品的「ポスター」（宣传海报）。阅读图片信息，对录音内容进行预判。题目要求填写的信息为旅游的集合时间、出发时间、集合场所及旅游费用。

七、録音を聞いて、＿＿＿＿＿に適当な言葉を書き入れてください。録音は3回繰り返します。

MP3 12-1-07

🎧✐ 听力原文及答案

私の日本での留学生活の一日を①ご紹介します。毎朝、7時に起きて、朝ご飯を作ります。8時半に、大学の寮を出て、自転車で大学へ②向かいます。9時から授業が③始まります。お昼は大学の食堂を④利用します。お昼の後、午後1時10分から4時30分まで⑤授業を受けます。夜は、寮で晩ご飯を作って食べます。夜12時頃⑥寝ます。充実した生活で、毎日楽しく過ごしています。

🔆 解析

（略）

12-2 京都で古いお寺を見て回りました

聞く前に

まず自分で確認しましょう。録音を聞いて質問に答えてみてください。 MP3 12-2-00

答案范例

1. カラオケを歌う　電灯を消す　薬を飲む　日本語を習う
2. 先週の日曜日、私は友達を誘って映画を見に行きました。
   夏休み、富士山を登ってたくさんの写真をとりました。

基礎編

聞いて選びましょう

一、録音を聞いて、その内容と合っているものに○を、違うものに×をつけてください。

MP3 12-2-01

听力原文

1. 男：昨日、友達と一緒に京都へ行って紅葉を見ました。
2. 女：先週の日曜日、友達と一緒に、海へ泳ぎに行きました。
3. 男：去年の夏休み、家族で山を登りました。
4. 女：夏休みに、子どもを連れて博物館へ行きました。恐竜の世界を楽しみました。
5. 男：昨日、ボランティアの仲間と山のごみを拾いました。
6. 女：日曜日の夜、姉と映画を見に行きました。

答案

1. ×　2. ×　3. ○　4. ○　5. ○　6. ×

解析

　　判断录音内容与图片表达内容是否一致。主要学习日语中表示动作、行为的词汇。

- 第1题图片所示内容的正确说法是「花見に行きました」（去赏樱花了）。
- 第2题图片所示内容的正确说法是「プールで泳ぎました」（去泳池游泳了）。
- 第3题中「山を登りました」的意思是"登山了"，与图片所示内容一致。"登山"一词还可以说成「山登り・登山」。

- 第4题中说「博物館へ行きました」（去博物馆了），仅凭这点还选不出答案，不必在意，后续的「恐竜の世界を楽しみました」（在恐龙的世界玩得很开心）与图片吻合。

- 第5题图片里有很多人在拾垃圾，日本的一些民间义工团体经常组织清扫活动，正好与「山のごみを拾いました」（拾山上的垃圾了）吻合。

- 第6题图片所示内容的正确说法是「コンサートに行きました」（去听音乐会了）。

二、会話を聞いて、その内容と合っている絵を選んでください。MP3 12-2-02

🎧 听力原文

1. 男：このごろ、あちこちで、いろいろなイベントがありますね。

   女：そうですね。昨日の夜は花火大会があって見に行きました。すごくきれいでした。

   男：いいですね。あれは、本当に一瞬の芸術ですよね。

2. 女：夕べの試合はどうでしたか。

   男：日本チームが勝ちましたよ。3対2で。

   女：すごい。やっぱり日本のサッカーは強いですね。

3. 女：3連休、どこかへ出掛けましたか。

   男：ええ、伊藤さんと市立美術館へ行きました。きれいな桜の絵を見ました。

   女：桜ですか。いいですね。今度の休みに一緒に桜の花を見に行きましょう。

4. 男：東京の旅行はいかがでしたか。

   女：最高でしたよ。東京スカイツリーや上野動物園は楽しかったです。

   男：皆さんは新幹線で行きましたか。

   女：いいえ、それはちょっと高いから、観光バスで行きました。

✍ 答案

1. A　2. A　3. B　4. A

💡 解析

　　根据录音内容选择相应的图片。解题方法是先判断A与B的区别，然后听录音进行辨别。重点听辨图片所涉及的话题。

- 第1题中，A是「花火」（烟花），B是「夏祭り」（夏季祭祀活动）。本题关键词是「花火大会」（烟花大会），故答案为A。日本全国各地通常在7月上旬到8月下旬举办各种「花火大会」和「夏祭り」。

- 第2题中，A是「サッカーの試合」（足球比赛），B是「バレーボールの試合」（排球比赛）。本题关键词是「サッカー」，故答案为A。球类比赛的比分在日语中一般说成「～対～」，比如"以3比2取胜"或"以2比3失利"可分别说成「3対2で勝った」「2対3で負けた」。

- 第3题中，A是「桜の花」（樱花），B是「桜の絵」（樱花的画）。关键句是「きれいな桜の絵を見ま

した」（看到一副精美的樱花画），故答案为B。

- 第4题的两幅图是「観光バス」（观光大巴）和「新幹線」（新干线），关键句是「観光バスで行きました」（坐观光大巴去了），故答案为A。

三、録音を聞いて、その内容と合っているものを選んでください。 MP3 12-2-03

🎧 **听力原文**

1. 男：山田さん、今日のバイト、3時までですね。お店の前の掃除は終わりましたか。

   女：はい、今、終わりました。後、ごみを片付けます。

   男：あ、ごみはいいよ。あとで、私がやるから。

2. 男：山田さん、ゼミ発表の準備、どうなっていますか。

   女：そうですね。教科書は読みましたけど。参考書はまだです。

   男：そうですか。私は参考書を3冊借りましたけど、なかなか読む気がなくて。

3. 男：山田さん、昨日何をしましたか。

   女：ええと、夕方、「イオン」へ行きました。

   男：そうですか。週末は人が多いですね。何か買い物しましたか。

   女：いいえ、「イオン」の6階においしい焼き肉屋があって、そこで食事をしました。

4. 女：山田さんは先週の日曜日、引っ越しましたね。何か新しい家具でも買いましたか。

   男：ええ。今の部屋は広いから、ゆったりとしたソファーを買いました。前の椅子はもう古いから、捨てました。

   女：じゃあ、今度、お邪魔してもいいですか。

   男：ええ、どうぞ、遊びに来てください。

✏️ **答案**

1. A 2. A 3. B 4. B

💡 **解析**

　　判断录音内容与文字信息是否对应。重点听题目涉及的主要内容。

- 第1题根据题目要求听辨已经结束的工作是打扫卫生还是收拾垃圾。通过「掃除は終わりましたか」（卫生已经打扫了吗？）的提问，和「はい、今、終わりました。」（现在打扫完了）的回答，可知答案为A。另外收拾垃圾，意味着把店里所有的垃圾收集在一起，分类后再放到指定垃圾点。
- 第2题要求辨别是「教科書」（教科书）还是「参考書」（参考书）。关键句是「教科書は読みましたけど。参考書はまだです。」（已经读了教科书，还没读参考书），故答案为A。「ゼミ」是一种带有研究、讨论性质的课，课上汇报的内容以教科书上的内容为主，但如果学生多看一些相关的参考书，汇报的内容就会更新颖、生动和充实。
- 第3题根据题目要求听辨是「買い物」（购物）还是「食事」（就餐）。通过否定购物，以及「そこで食

事をしました」（在那里吃饭了），得知答案为B。

- 第4题要求辨别是「椅子」（椅子）还是「ソファー」（沙发）。本题关键是「ゆったりとしたソファーを買いました」（买了一组舒适的沙发），故答案为B。

> **聞いて書き入れましょう**

四、男の人は何をしましたか。会話を聞いて、例のように書いてください。 🎵 MP3 12-2-04

🎧 **听力原文**

例

女：山田さん、昨日、早く帰りましたね。

男：ええ。授業は午前中だけでしたから、早く帰って、ジムへ行きました。1時間ぐらい泳ぎました。

女：よく泳ぎますか。

男：ええ、だいたい週3、4回ぐらいかな。

1. 女：山田さん、この間、京都へ旅行に行きましたね。

   男：ええ、京都で古いお寺を見て回りました。時間があったので、奈良へも行きました。

   女：えっ、奈良ですか。じゃ、奈良の大仏を見ましたか。

   男：ええ、見ましたよ。奈良の大仏や鹿の写真をたくさん撮りました。

2. 女：わあ、素敵な車。いつ買いましたか。

   男：先月。いい車でしょう。

   女：ええ、高かったでしょう。

   男：いいえ、そんなに。実は、これ、中古車なんですよ。バイトのお金で買いました。

   女：へえ、バイトのお金で？すごいですね。

📝 **答案**

1.（古い）お寺 回り 2.（中古）車 買い

💡 **解析**

　　听会话中已发生的动作，完成填空题。在解题前，要仔细阅读题目给出的信息，关注题目中要求听的关键信息的位置。如例题所示，解题关键是动作发生的场所。

- 第1题需要填在京都做了什么。关键句「京都で古いお寺を見て回りました」（在京都游览了古寺庙），而奈良做的事只是对照的干扰项。

- 第2题需要填打工的钱是怎么花的。会话中的信息比较分散，但是通过「いい車でしょう」（好车）、「中古車なんですよ」（是台二手车）等信息，就可以完成听力任务。另外「中古車」（二手车）对应的是「新車」（新车）。

五、次は李さんの日曜日の一日についての内容です。会話を聞いて、例のように書いてください。

MP3 12-2-05

🎧 **听力原文**

📄 **例**

女：昨日、李さんは何をしましたか。

男：そうですね…。日曜日だから、近くのスーパーでちょっと買い物をしました。

女：何を買いましたか。

男：野菜やお肉、果物などを買いました。

1. 女：李さん、野菜やお肉を買いましたね。何か料理を作りましたか。

   男：ええ、寮のキッチンでカレーを作りました。

   女：すごいですね。お料理が好きですか。

   男：あまり好きではありませんが、今、外食は高いから、たまには自分で料理を作ります。

2. 女：李さん、昨日、Eメールでゼミ旅行の写真を送りましたけど。

   男：えっ、何時ごろでしたか。ぜんぜん気付きませんでした。

   女：えー、だいたい午後1時ごろでしたね。

   男：あ、ごめんなさい。夜のバイトがあるから、部屋で昼寝をしました。たぶんそのときかな。

3. 女：李さん、昨日のバイト、何時まででしたか。

   男：夜の12時まででした。

   女：えっ、遅かったですね。どんなバイトですか。

   男：ラーメン屋の皿洗いです。まだ日本語が下手ですから。

   女：それは大変ですね。

   男：そうなんですよ。夕べは5時間もお皿を洗いました。

✏️ **答案**

1. 寮のキッチン　カレーを作りました
2. 部屋　昼寝をしました
3. ラーメン屋　お皿を洗いました

💡 **解析**

　　根据题目要求，注意听小李在什么地方做了什么事情，完成填空内容。

- 第1题借助例句里提到的在超市购物的话题，小李告诉对方用买来的食材在宿舍厨房做了咖喱饭。
- 第2题小李解释因为晚上要打工，中午（需要）午睡，所以没注意到对方发了照片。

• 第3题中小李说自己在拉面店洗盘子。留学生刚去日本的时候，由于日语不太好，最初只能干一些对日语要求不太高的工作。

応用編

聞いて書き入れましょう

六、録音を聞いて、次の文を完成してください。 MP3 12-2-06

🎧 听力原文

　　昨日は修学旅行の2日目でした。朝、6時半ごろ起きました。7時半に、ホテルの食堂で朝ご飯を食べました。その後、バスに乗って遊園地に向かいました。9時前に着きました。遊園地で、友達とたくさん遊びました。とても疲れました。お昼12時ごろ、遊園地のレストランでハンバーガーを食べました。とてもおいしかったです。

✍ 答案

1. ホテルの食堂　朝ご飯　2.（遊園地の）レストラン　ハンバーガー

💡 解析

　　听录音完成图片中的填空内容。解题前要仔细看图，明确听力任务，关注关键信息。

　　本题图片是一个学生修学旅行中一天的行程安排。本题要求听写的是在两个具体时间内，分别在什么地方做了什么事情。

七、録音を聞いて、＿＿＿＿＿に適当な言葉を書き入れてください。録音は3回繰り返します。

MP3 12-2-07

🎧✍ 听力原文及答案

　　夕べ8時ごろ、地震がありました。揺れが大きかったです。その揺れで私は①転びました。漫画や雑誌など、本棚からいっぱい②落ちました。コップも③割れました。10秒ぐらいで揺れは④止まりました。はじめての地震体験で本当に⑤怖かったです。

💡 解析

　　（略）

練習問題

問題一、絵を見て、正しい答えをA、B、Cの中から一つ選んでください。 MP3 12-3-01

1.

（　　）

2.

（　　）

問題二、絵を見て、正しい答えをA、B、C、Dの中から一つ選んでください。 MP3 12-3-02

1.

A

B

C

D

2.

A

B

C

D

問題三、録音を聞いて、A、B、C、Dの中から正しい答えを一つ選んでください。 MP3 12-3-03

1. (　　　　)
　A　飲み物を用意する。
　C　コンビニに行く。

　B　部屋を片付ける。
　D　お茶を入れる。

2. (　　　　)
　A　雪の写真をとること
　C　スキーをすること

　B　車を運転すること
　D　休みをとること

問題四、次の問題には絵はありません。録音を聞いて、正しい答えを一つ選んでください。

　　　MP3 12-3-04

1. (　　　　)　　　2. (　　　　)　　　3. (　　　　)　　　4. (　　　　)

問題五、録音を聞いて、次の文を完成してください。録音は3回繰り返します。 MP3 12-3-05

　　昨日、小豆島へ行きました。朝、8時ごろ①＿＿＿＿＿＿＿＿。家から港まで②＿＿＿＿＿＿＿で行きました。10時10分に③＿＿＿＿＿＿＿島へ向かいました。島でレンタカー（租赁车）を④＿＿＿＿＿＿＿。2時間ぐらいゆっくりと島を⑤＿＿＿＿＿＿＿。素晴らしい自然、美しい景色、いっぱい⑥＿＿＿＿＿＿＿。

解答

問題一、絵を見て、正しい答えをA、B、Cの中から一つ選んでください。 🎧MP3 12-3-01

🎧 **听力原文**

1. 明日の体育祭で、どんなスポーツをしますか。
   - A　友達とテニスをします。
   - B　友達とバスケットボールをします。
   - C　友達とサッカーをします。
2. 北海道へ行って何をしますか。
   - A　山に登ります。
   - B　スキーをします。
   - C　ゴルフをします。

📝 **答案**

1. C　2. B

問題二、絵を見て、正しい答えをA、B、C、Dの中から一つ選んでください。 🎧MP3 12-3-02

🎧 **听力原文**

1. お母さんからのプレゼントはどれですか。
   - 男：昨日、お誕生日でしたよね。おめでとうございます。
   - 女：ありがとうございます。
   - 男：何かプレゼントをもらいましたか。
   - 女：ええ、姉から花をもらいました。それから母からは素敵なカバンをもらいました。ほら、これです。
   - 男：鮮やかな色で、おしゃれですね。
2. 男の人は図書館で何をしましたか。
   - 男：さっき、メールで連絡したんですが…。
   - 女：えっ？気付きませんでした。さっき、図書館で本を借りました。
   - 男：えっ、図書館？僕もいましたよ。ゼミ発表の準備で、パソコンでいろいろ調べました。

📝 **答案**

1. C　2. C

問題三、録音を聞いて、A、B、C、Dの中から正しい答えを一つ選んでください。 (MP3 12-3-03)

🎧 **听力原文**

1. 女の人と男の人が話しています。男の人はこの後、すぐ何をしますか。

   女：たいへん、もうこんな時間！もうすぐ山田さんが来るので、部屋の片付けはまだですけど。

   男：大丈夫、また20分あるから、僕がやるよ。

   女：お願い。私はお茶でも用意をする。あっ、飲み物を忘れた。

   男：じゃあ、僕は先にコンビニに行って買ってくるよ。

   女：ありがとう。片付けは私がやるから。

   男の人はこの後、すぐ何をしますか。

2. 女の人と男の人が話しています。男の人は何がたいへんだと言っていますか。

   女：山田さん、連休にどこかへ行きましたか。

   男：北海道へ行きました。妻がずっと雪を見たいと言ったので、たくさんの雪の写真を撮りましたよ。

   女：へえ、奥さんが？でも、山田さんは大好きなスキーもできたでしょう？

   男：いやあ、今回はあまり時間がないから、スキーはできませんでした。ずっと車を運転していたからたいへんでした。本当に疲れました。

   男の人は何がたいへんだと言っていますか。

✒️ **答案**

1. C　2. B

問題四、次の問題には絵はありません。録音を聞いて、正しい答えを一つ選んでください。

(MP3 12-3-04)

🎧 **听力原文**

1. 女子学生は今日どこで昼ご飯を食べますか。

   男：佐藤さん、お昼、一緒に食べましょうか。

   女：いいですね。でも、今日は先生と約束があります。お昼、先生の研究室に行って、それから教室でお弁当を食べます。

   男：あ、そうですか。じゃ、僕は一人で大学の食堂で食べます。

   女子学生は今日どこで昼ご飯を食べますか。

   A　先生と一緒に研究室で食べます。

   B　一人で教室で食べます。

   C　一人で大学の食堂で食べます。

   D　男子学生と一緒に大学の食堂で食べます。

2. 男の人はどんなものを頼みましたか。

女：私はこれからスーパーへ行きます。何か買うものはありますか。

男：ええと、ビール、それからバナナとリンゴぐらいかな。傘が壊れましたけど。

女：傘ですか。家にたくさんありますよ。

男：じゃあ、傘はいいです。

男の人はどんなものを頼みましたか。

A　ビールとバナナと傘

B　ビールとリンゴと傘

C　ビールとバナナとリンゴ

D　ビールとバナナ

3. 男の人は引っ越しの時、何をしましたか。

女：山田さんは先週の日曜日、引っ越しましたね。何か新しい家具でも買いましたか。

男：ええ。今の部屋は広いから、ゆったりとしたソファーを買いました。前の椅子はもう
　　古いから、捨てました。

女：じゃあ、今度、お邪魔してもいいですか。

男：ええ、どうぞ、遊びに来てください。

男の人は引っ越しの時、何をしましたか。

A　新しい椅子を買いました。

B　ゆったりとしたソファーを買いました。

C　ソファーを捨てました。

D　椅子とソファーを捨てました。

4. 男の人は京都で何をしましたか。

女：山田さん、この間、京都へ旅行に行きましたね。

男：ええ、京都で古いお寺を見て回りました。時間があったので、奈良へも行きました。

女：えっ、奈良ですか。じゃ、奈良の大仏を見ましたか。

男：ええ、見ましたよ。奈良の大仏や鹿の写真をたくさん撮りました。

男の人は京都で何をしましたか。

A　お寺を見ました。

B　大仏を見ました。

C　鹿を見ました。

D　大仏や鹿の写真を撮りました。

📝 **答案**

1.B　2.C　3.B　4.A

問題五、録音を聞いて、次の文を完成してください。録音は3回繰り返します。 ⓂⓅ3 12-3-05

🎧✍ 听力原文及答案

昨日、小豆島へ行きました。朝、8時ごろ①家を出ました。家から港まで②自転車で行きました。10時10分に③フェリーに乗って島へ向かいました。島でレンタカーを④借りました。2時間ぐらいゆっくりと島を⑤回りました。素晴らしい自然、美しい景色、いっぱい⑥楽しみました。

できごと（状態）・指示

13-1 ピアノを弾いています

聞く前に

まず自分で確認しましょう。録音を聞いて質問に答えてみてください。 MP3 13-1-00

答案范例

1. 私は今、友達と日本語で会話の練習をしています。
2. 山田さんは白い帽子をかぶって、かわいいワンピースを着ています。
3. 父は銀行に勤めています。

基礎編

聞いて選びましょう

一、録音を聞いて、その内容と合っているものに○を、違うものに×をつけてください。

MP3 13-1-01

听力原文

1. 女：女の人はベンチに座って、本を読んでいます。
2. 男：女の人はグラフを指しながら、説明しています。
3. 女：男の人はスーツを着ています。右手に傘を持っています。
4. 男：男の人は車椅子に乗っています。手を振っています。
5. 女：お客さんが来ています。女の人は果物を出しています。
6. 男：女の人は帽子をかぶって、かわいいワンピースを着ています。海辺でジョギングをしています。

📝 **答案**

1.○　2.○　3.×　4.○　5.×　6.×

💡 **解析**

　　判断录音内容与图片表达内容是否一致。主要练习日语中表示动作正在进行和状态持续的表达方式「～ています」。要求能够用日语准确表达图片中的动作或状态。

- 第2题中的「～ながら」接在动词的「ます形」之后，表示"一边做……，一边做……"。「グラフを指しながら、説明しています」的意思是"边指着图表，边讲解"。
- 第3题图片所示内容的正确说法是「手にかばんを持っています」表示手里拿着东西时，助词要用「に」。
- 第4题图片所示内容的日语表达是「車椅子に乗っています」。乘坐「車、自転車、地下鉄、飛行機、バス」（汽车、自行车、地铁、飞机、公交车）等交通工具都可以使用动词「乗る」（乘、坐、骑）。
- 第5题图片所示内容的正确说法是「お茶を出しています」。为客人上茶、上水果时，都用动词「出す」。
- 第6题图片所示内容的正确说法是「海辺に立って、海を見ています」。

二、会話を聞いて、その内容と合っている絵を選んでください。 MP3 13-1-02

🎧 **听力原文**

1. 男：だいぶ上手になりましたね。毎日、練習していますか。

　　女：ええ、だいたい3時間ぐらい弾いています。

　　男：えっ、3時間も弾くんですか。すごいですね。

2. 女：ねえ、あなた、あの犬の散歩をしている人、お友達の田中さんじゃない？

　　男：あ、ほんとだ。今日はマスクをしているね。

　　女：花粉の季節だからでしょうね。

3. 男：あれ、田中さんは？部屋にいませんね。

　　女：ええ、今、プールで泳いでいますよ。

　　男：すごいですね。田中さんって、この頃、毎日、運動していますね。

4. 女：あ、もう始まってるわよ！洋子、頑張って！

　　男：あ、速い速い、あの子、本当に走るのが速いね。

　　女：えっ、あなた、どっちを見てるの？

　　男：リレーだよ。一番に走っている子、うちの洋子だろう。

　　女：違いますよ。今年は、リレーじゃなくて、ダンスですよ。ほら、真ん中で踊っている子、洋子ですよ。

📝 **答案**

1.B　2.A　3.B　4.A

根据录音内容选择相应的图片。解题方法是先判断A与B的区别，然后听录音进行辨别。重点听辨图片中涉及的动作。

- 第1题的解题关键是图片中乐器搭配的动词。A是「笛」（笛子），应该搭配动词「吹く」。B是「ピアノ」（钢琴），搭配动词「弾く」。录音中出现的动词为「弾いています」，故答案为B。

- 第2题的解题关键是「マスクをしている」。在日本，每年春季2月到4月左右是花粉症多发的季节，街头上戴口罩的人会增多，故答案为A。

- 第3题中，A是「ウォーキングマシンーで走っています」（在跑步机上跑步）。B是「プールで泳いでいます」（在游泳馆里游泳）。会话中提及「プールで泳いでいますよ」，故答案为B。

- 第4题中，A是「踊っている」（在跳舞），B是「走っている」（在跑步）。会话中爸爸以为洋子参加的是接力赛，妈妈提醒道「今年は、リレーじゃなくて、ダンスですよ」，否定了B，故答案为A。

三、録音を聞いて、その内容と合っているものを選んでください。 🎧 MP3 13-1-03

听力原文

1. 女：あのう、すみません、山田さんという人はどの方ですか。

   男：山田さんですか。えー、さっきここにいましたよ。あ、あそこです。窓の前にいますね。

   女：あの写真を撮っている方ですか。

   男：いいえ、その隣の人です。今、スマホを弄っていますね。

   女：あ、分かりました。どうもありがとうございます。

2. 男：今年の大学祭、留学生もいろいろなお店を出していますね。

   女：ええ、皆さんが自分の国の料理を作って売っていますよ。

   男：へえ。それはいいですね。

   女：あ、あの人、うちのクラスの王さんですよ。ほら、あのチャイナドレスを着ている人。

   男：どれ、どれ、あ、今、鈴木さんと話をしている人ですか。

   女：いいえ、もう一人のチャイナドレスの人ですよ。今、看板の前で案内をしていますね。

3. 男：明日のパーティー、楽しみですね。準備はもう大丈夫ですか。

   女：だいたいね。カレーは今、良子さんが作っていますけど。

   男：いい匂いですね。飲み物は明日行くとき、買いますよね。じゃあ、ケーキは？

   女：あ、午前中、買ってきました。今、冷蔵庫に入っていますよ。

4. 男：田中さん、会議の資料はもうできましたか。

　　女：ええ、もうできています。今、コピーをしています。

　　男：あ、そうだ。明日、お客さんがたくさん来るから、20部じゃなくて、30部にして
　　　　ください。

　　女：30部ですね。分かりました。

答案

1. A　2. B　3. A　4. B

解析

　　判断录音内容与文字信息是否对应。重点听题目涉及的主要内容。

- 第1题中「いいえ、その隣の人です」是解题关键，正确答案选A。「スマホを弄っています」意为"玩手机"。

- 第2题中表示否定意义的「いいえ、もう一人のチャイナドレスの人ですよ」（不，是另外一个穿旗袍的人）是解题关键，否定了A「鈴木さんと話をしている人」（在和铃木说话的人），故答案为B。「案内をしています」意为"正在做向导"。

- 第3题中的主要信息有「カレー」（咖喱）、「飲み物」（饮料）和「ケーキ」（蛋糕）。解题关键是最后两句中的「ケーキは…冷蔵庫に入っています」（蛋糕已经放在冰箱里了），故答案为A。

- 第4题中「もうできています」（已经做好了）是解题的关键。根据后一句「今、コピーをしています」（现在正在复印做好的资料），可知答案为B。

聞いて書き入れましょう

四、話題の人物は今、どこで何をしていますか。録音を聞いて、例のように書いてください。

MP3 13-1-04

听力原文

例

　　男：お客さんがたくさん来ていますね。あれ、田中さんはまだですか。

　　女：もう来ていますよ。さっき、ロビーで会いました。田中さん、田中さん…。

　　男：あっ、あそこですよ、テーブルの前にいます。今、料理を取っていますね。

1. 男：ここは僕のうちです。父は、いつもリビングルームでテレビを見たり、新聞を読ん
　　　　だりしています。今日は日曜日ですから、まだ2階の部屋で寝ています。母はこの
　　　　時間ならいつもキッチンで料理を作っています。あれ、いませんね。あっ、そう
　　　　だ。日曜日の犬の散歩は母の番ですから、今、公園で犬の散歩をしています。

2. 男：はい、鈴木です。

　　女：もしもし、松本ですが、あのう、花子さんはいますか。

　　男：いますよ。今、庭で子どもたちと遊んでいます。呼びますから、ちょっと待ってください。

　　女：はい、お願いします。

3. 女：はい、みんな乗りましたね。バスはもうすぐ出発します。

　　男：先生、小林さんがまだですよ。

　　女：さっき、お城の中では、一緒でしたよね。

　　男：ええ、でも、お城を出てから、お土産のお店に行きました。あ、いた、いた！あそこの自動販売機の前で、ジュースを飲んでいます。

🖊 **答案**

1. 2階の部屋　寝ています　公園　犬の散歩をしています

2. 庭　子供たちと遊んでいます

3. 自動販売機の前　ジュースを飲んでいます

💡 **解析**

　　听出会话中人物的动作、状态及所处场所等信息，完成填空题。如例题中，关键是要明确话题中人物身在何处、在做什么。

• 第1题要完成两个任务，即分别听出爸爸和妈妈的动作以及该动作发生的场所。

五、男の人と女の人がアルバムを見ながら、話をしています。会話を聞いて、例のように書いてください。 MP3 13-1-05

🎧 **听力原文**

例

　　女：へえ、これ、弘君のご家族の写真ですか。大家族ですね。

　　男：ええ、両親と祖父母と、2人の妹です。

　　女：ああ、2人とも妹さんですか。

　　男：ええ、そうなんです。2人とも今大学に行っています。それから、兄が1人います。

　　女：へえ、じゃ、4人兄弟ですね。

　　男：ええ、兄は今、中国で仕事をしています。奥さんと北京に住んでいます。

1. 女：ああ、これ、いつの写真でしょうか。弘君。

　　男：ああ、それは高校の時の写真ですよ。

　　女：へえ、高校の時ですか。面白いですね。あれ、これ、弘君ですか。

男：え、どれどれ？あ、そうですよ。ギターを弾きながら、歌を歌ってますね。

女：かっこいいですね。ええと、この人はお友達の木村さんでしょうか。

男：そうそう、木村さんです。よく分かりましたね。今はちょっと太っていますけど。

2. 女：弘君、この絵を描いている人、お母さんでしょう。

男：あっ、それはおばです。母の姉なんです。

女：えっ、お母さんのお姉さんですか。お母さんとよく似ていますね。

男：ええ、実は、双子なんですよ。おばは、中学校で美術を教えてます。

女：へえ、素敵な方ですね。

3. 男：あ、これ、ゼミ旅行の写真ですね。懐かしいなあ。

女：弘君、ここでしょう。先生の後ろに立ってますね。

男：そうそう。あ、この赤い帽子をかぶってる人、武君かなあ。

女：そう、山田武さんですね。

📝 答案

1. 高校　歌を歌っています　太っています

2. おばさん/お母さんの姉さん　似ています　美術を教えています

3. ゼミ旅行　立っています　赤い帽子をかぶっています

💡 解析

　　听会话，完成填空内容。题目中已经提示了本题的关键信息，填空中的空格部分即为要求重点听的内容。重点听会话中出现的人物及其相关的动作、状态等的表述。例如，例题中要求听出弘君的妹妹和哥哥的相关信息。本大题会话中的「ています」和「ている」，多次使用了口语中的缩略形式，即省略了「い」，为「てます」和「てる」。如第1题中的「歌を歌っています」的缩略形式是「歌を歌ってます」。

- 第1题中要求听的信息是照片中弘君的动作「歌を歌っています」（正在唱歌）和目前木村的体态特征「今はちょっと太っています」（现在有些发福）。

- 第2题中要求听的信息是弘君姨妈的体貌特征「お母さんとよく似てますね」（和您妈妈长得很像），从事的职业是「中学校で美術を教えてます」（在中学教美术）。

応用編

聞いて書き入れましょう

六、録音を聞いて、次の文を完成してください。 MP3 13-1-06

🎧 听力原文

　私は、今、近くの公園でジョギングをしています。今日はよく晴れています。公園は人でいっぱいです。ほとんど近所の人なので、皆さんのことをよく知っています。

　ベンチに座っているのは、中村さんと小野さんです。2人は今、お弁当を食べています。車椅子に乗っている人は佐藤さんです。娘さんと一緒に散歩しています。眼鏡をかけている人は田中さんです。奥さんと腕を組んで散歩しています。あっ、田中さんはこっちを向いて、手を振っていますね。太郎君と花子ちゃんは兄弟で、2人が鉄棒で遊んでいます。

✍ 答案

1.（ベンチに座って、）お弁当を食べています

2. 車椅子に乗っています　一緒に散歩しています

3. 鉄棒で遊んでいます

💡 解析

　　听录音完成图片中的填空内容。解题前要仔细看图，明确听力任务，关注关键信息。

　　本题图片中是「近くの公園」（附近的公园），录音内容为描述公园中人物的体貌特点和他们的动作等。听信息时，要重点关注和句型「～ています」相关的内容。

七、録音を聞いて、＿＿＿＿に適当な言葉を書き入れてください。録音は3回繰り返します。

MP3 13-1-07

🎧✍ 听力原文及答案

　ここは留学生会館です。今日は朝から①雨が降っています。今、9時半です。ロビーに留学生が2人います。②ソファーに座っている人は中国からの王さんです。王さんは今、③コーヒーを飲みながらスマホを弄っています。窓の近くで④ストレッチをしている人は韓国人のパクさんです。パクさんは毎朝、近くの公園でジョギングをしますが、今日は雨なので、⑤外へ出ていません。私？私は今、動画を撮っています。

💡 解析

　　（略）

13-2　山を描いてください

聞く前に

まず自分で確認しましょう。録音を聞いて質問に答えてみてください。 🎧MP3 13-2-00

答案范例

1. 止める

→ここに車を止めてください。／お店の前に車を止めないでください。

置く

→ここに置いてください。／机の上に置かないでください。

入れる

→一本を鞄の中に入れてください。／バナナは冷蔵庫の中に入れないでください。

2. （略）

基礎編

▶ 聞いて選びましょう

一、絵を見てください。この人は何を言いたいですか。録音を聞いて、その内容と合っているものに○を、違うものに×をつけてください。 🎧MP3 13-2-01

🎧 听力原文

1. 女：男の子が泣いています。「泣かないでください。笑ってください」と言いたいです。

2. 女：女の子がご飯を食べています。「きれいに食べていますね」と言いたいです。

3. 女：男の子が口を開けません。「口を開けてください。早く食べてください」と言いたいです。

4. 男：夜遅い時間です。でも、男の人はまだ勉強しています。「もう勉強しないで、早く寝てください」と言いたいです。

5. 男：男の人は電話をしながら運転しています。「運転する時、電話を使わないでください」と言いたいです。

6. 男：男の子たちがテレビを近くて見ています。「もう少し離れて見てください」と言いたいです。

答案

1.○ 2.× 3.○ 4.○ 5.○ 6.○

解析

　　判断录音内容与图片表达内容是否一致。要求首先判断录音中对图片状态的表述是否准确，然后听录音中「～と言いたいです」（我想说……）前面的内容，确认是否符合图片内容。

• 第2题正确的表述应该为「女の子がご飯を食べません。『早く食べてください』と言いたいです」。

二、録音を聞いて、その内容と合っている絵を選んでください。 MP3 13-2-02

听力原文

1. 男：紙の真ん中に山を二つ描いてください。

　　女：はい、真ん中に描くんですね。

　　男：はい、それから、左上に雲を一つ描いてください。左上ですよ。

2. 男：両手を挙げてください。

　　女：上に挙げるんですか。

　　男：はい、上に挙げてください。

3. 男：今日のお昼、焼肉にしようか。

　　女：えっ？昨日食べたじゃないですか。

　　男：そうだけど。やっぱりお肉はおいしいよ。

　　女：だめですよ。野菜、野菜を食べてください。

　　男：は～い。

4. 女：まず丸を描いてください。それからその中に小さい車を描いてください。車は好きな形で描いてください。自分の好きな形でいいですよ。

答案

1.A 2.A 3.A 4.A

解析

　　根据录音内容选择相应的图片。解题方法是先判断A与B的区别，然后听录音进行辨别。重点听表示命令、指示的表达方式。

• 第1题中，A与B的区别在于白云的位置，会话中要求「山を二つ描いてください」（画两座山）和「左上に雲を一つ描いてください」（在左上角画一朵白云），故答案为A。

• 第2题中，A是「両手を上に挙げる」（上举双手），B是「両手を下に下げる」（放下双手）。解题关键是会话中出现的「挙げる」这一动词，故答案为A。

• 第3题中，A是「野菜サラダ」（蔬菜沙拉），B是「焼肉」（烤肉）。关键句是「野菜、野菜を食べてください」（蔬菜，你要多吃蔬菜），故答案为A。

- 第4题中，A是在一个圆中画了一辆小汽车，B是在一个圆中画了一辆自行车。关键句是「その中に小さい 車を描いてください」（请在中间画辆小汽车），故答案为A。

三、録音を聞いて、その内容と合っているものを選んでください。 MP3 13-2-03

🎧 **听力原文**

1. 男：あのう、すみません。この箱、どこに置きますか。テーブルの上でいいですか。

   女：ああ、そこに置かないでください。テレビの横に置いてください。あとで、片付け ますから。

2. 男：あのう、一番下の線に電話番号、お名前、ご住所を書いてください。

   女：はい、メールアドレスも書くんですか。

   男：いいえ、メールアドレスは書かなくていいです。

3. 女：いっぱい買ってきましたよ。卵、牛乳、それから、チーズ。

   男：全部、冷蔵庫に入れましょうか。

   女：ええと、卵とチーズを入れてください。牛乳はすぐ使いますから、そのままでいい ですよ。あ、卵も使いますね。

   男：はい、じゃ、チーズだけ入れるんですね。

✍ **答案**

1. A　2. A　3. B

💡 **解析**

　　判断录音内容与文字信息是否对应，重点练习听各种指示。注意阅读选项，每个选项中有互相对应的两个不同的信息，仔细听会话中的相关内容。

- 第1题要求辨别是「テレビの横に置く」（放在电视机边上）还是「テーブルの上に置く」（放在桌子上）。关键句是「テレビの横に置いてください」（请放在电视机边上），故答案为A。
- 第2题要求辨别要写的是「電話番号」（电话号码）还是「メールアドレス」（电子邮箱地址）。关键句是「メールアドレスは書かなくていいです」（可以不写电子邮箱地址），故答案为A。
- 第3题要求辨别要放到冰箱里的是「卵」（鸡蛋）还是「チーズ」（奶酪）。关键句是「じゃ、チーズだけ入れるんですね」（那么，就只放奶酪，对吧），故答案为B。

> 聞いて書き入れましょう

四、男の人と女の人が話しています。女の人はこれからどうしますか。会話を聞いて、例のように書いてください。 MP3 13-2-04

🎧 听力原文

例

女：あのう、車をお店の横に止めたいんですが、いいですか。

男：えっと、そこは駐車禁止ですから、駐車場に止めてください。

女：はい、すみません。

1. 女：あのう、ゼミ発表の練習をしたいんですが、来週の月曜日、この教室、使ってもいいですか。

男：ええ、いいですけど、教務課で予約してから使ってください。

女：はい、教務課で予約しますね。どうもありがとうございました。

2. 男：あのう、ちょっと、いいですか。

女：はい、何でしょうか。

男：あのう、博物館の中では、写真を撮ってはいけませんので、そのカメラ、中に持って入らないでください。

女：あ、そうですか。すみません。じゃ、コインロッカーに入れてきます。

3. 女：あのう、すみません。この本を借りたいんですが、どうしたらいいですか。

男：はい、図書館の貸し出しカードはお持ちですね。じゃ、1階のカウンターに持って行ってください。

女：はい、分かりました。どうもありがとうございました。

✍ 答案

1. 教室　2. コインロッカー　3. カウンター

💡 解析

　　听会话中表示命令或指示的信息，完成填空题，要注意听女生接下来的动作。例题中，女生被要求「駐車場に止めてください」（请把车停到停车场），因此接下来女生的动作应该为「車を駐車場に止めます」（把车停到停车场）。

- 第1题的关键句是「教務課で予約してから使ってください」（请到教务处预约后再使用）。

- 第2题的关键句是「コインロッカーに入れてきます」（我先去放到投币式储物柜里）。

- 第3题主要关注接续词「じゃ」后面的内容「1階のカウンターに持って行ってください」（请把书拿到1楼的柜台办理）。此外，「図書館の貸し出しカードはお持ちですね」（您带着借书证了吧），是馆员向女生确认是否带了借书证。

五、録音を聞いて、例のように書いてください。 MP3 13-2-05

🎧 **听力原文**

例

女：皆さん、これから、お寺の中に入りますが、静かに歩いてください。それから、お寺の中では、大きい声で話をしないでください。

男：先生、写真を撮ってもいいですか。

女：写真はとってもいいですけど、フラッシュを使わないでください。

1. 男：正しい温泉の入り方なんですが、まず、シャワーをあびて、体をきれいにしてから、入ってください。それから、温泉のお湯の中で、せっけんやシャンプーなどを使わないでください。

2. 女：はい、青山市民センターです。

　　男：あのう、すみません。来月、料理研究会をするので、教室を使いたいんですが…。

　　女：来月ですね。ご利用の一週間前に、予約をしてください。

　　男：あ、そうですか。あのう、電話での予約はできますか。

　　女：すみません、必ず、ここに来て、申込書に記入してください。注意事項の説明もありますから。

📝 **答案**

1.（1）シャワー　体　（2）せっけん　シャンプー　2.一週間前　申込書

💡 **解析**

　　听会话，完成关键信息的填空。解题前先阅读题目，关注关键信息，然后听录音。

- 第1题要求分别听出进入温泉前和进入温泉后的行为规范，关键句为「まず、シャワーをあびて、体_{からだ}をきれいにしてから、入_{はい}ってください」（首先冲个澡把身体洗干净，然后再泡温泉）和「温泉_{おんせん}のお湯_ゆの中_{なか}で、せっけんやシャンプーなどを使_{つか}わないでください」（在温泉里不能使用香皂或洗发水等）。日本是一个温泉大国，有着独特的温泉文化。在日本泡温泉时，一定要注意先将身体清洗干净，再进入温泉。泡温泉时，一定不要在温泉内使用沐浴露、毛巾等，以免影响到其他人。

- 第2题要求听出预约的时间和具体方法。关键句为「一週間前_{いっしゅうかんまえ}に、予約_{よやく}をしてください」（请提前一周预约）和「ここに来_きて、申込書_{もうしこみしょ}に記入_{きにゅう}してください」（需要你来我们这里填写申请表）。

応用編

> **聞いて書き入れましょう**

六、録音を聞いて、A、B、C の内容をポスターの中の空欄の適当な所に入れてください。

MP3 13-2-06

🎧 听力原文

男：このポスターはあと少しで完成ですね。

女：そう、一番上に「中国」という二文字を入れましょう。

男：えっ…、どこですか。

女：一番上に「パンダのふるさとを訪ねる」という文字がありますね。その後ろに入れてください。

男：あっ、この「3日間」の前のところですね。

女：ええ、そうです。それから、旅行の代金ですが、これを「出発日」の上のところに持っていってください。

男：ここですね。

女：ええ、そうです。

男：じゃ、この「全食事付き」という文字は、どこに入れますか。

女：あ、それは、一番下の真ん中に入れてください。

男：一番下の真ん中ですね。

✏️ 答案

1. A　2. C　3. B

💡 解析

听录音完成图片中的填空内容。解题前要仔细看图，明确听力任务，关注关键信息。

本题图片中是一个待完成的「ポスター」（宣传海报），录音内容为会话形式，是两个人边看图片效果边做修改的场景，所以要注意听他们各自的观点和最终的决定。解题时首先要观察图片中各类内容的位置，并边听录音边确认。本题的解题关键是录音中出现的一些表示方位的词语，比如「上」（上）、「前」（前面）、「真ん中」（正中）等。

七、録音を聞いて、＿＿＿＿に適当な言葉を書き入れてください。録音は3回繰り返します。

MP3 13-2-07

听力原文及答案

　　ここはみなさんの寮です。1階にお風呂と共同キッチンがあります。①自由に使ってください。使ってから、きれいに掃除をしてください。いいですか。料理は必ず共同キッチンでしてくださいね。部屋で②料理を作ってはいけません。冷蔵庫は共同キッチンのを使ってください。皆で使いますので、自分の食べ物に③名前を書いてから入れてください。あっ、洗濯機ですが、お風呂場の横にありますので、使ってください。ええと、これは④ごみの出し方の説明です。よく読んでください。ごみは必ず⑤分けて出してください。

解析

　　（略）

練習問題

問題一、絵を見て、正しい答えをA、B、Cの中から一つ選んでください。 MP3 13-3-01

1.

（　　）

2.

（　　）

問題二、絵を見て、正しい答えをA、B、C、Dの中から一つ選んでください。 MP3 13-3-02

1.

商品の説明

（1）

外回り

（2）

仕事の打ち合わせ

（3）

A　（2）　→　（1）　→　（3）　　　　B　（1）　→　（2）　→　（3）

C　（2）　→　（3）　→　（1）　　　　D　（1）　→　（3）　→　（2）

2.

（1）

（2）

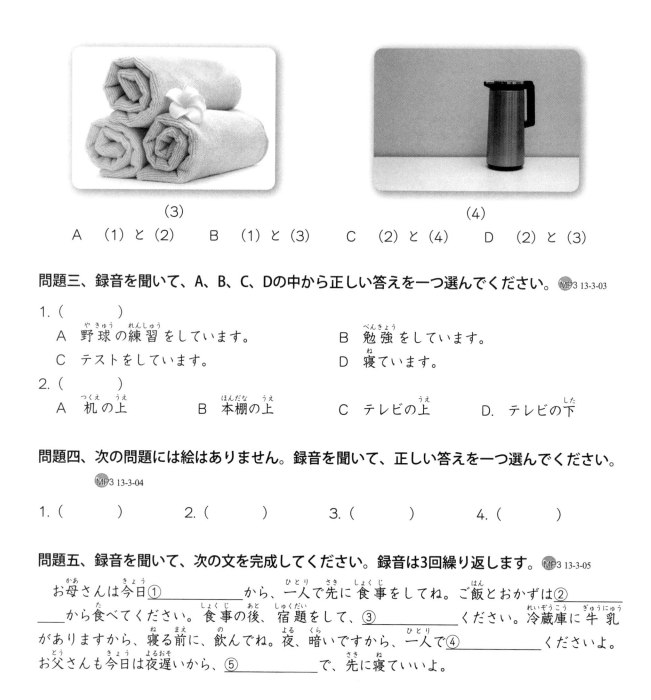

(3)　　　　　　　　　　　　　　(4)

A　(1)と(2)　　　B　(1)と(3)　　　C　(2)と(4)　　　D　(2)と(3)

問題三、録音を聞いて、A、B、C、Dの中から正しい答えを一つ選んでください。 ⓂP3 13-3-03

1.（　　　　）
A　野球の練習をしています。　　　　B　勉強をしています。
C　テストをしています。　　　　　　D　寝ています。

2.（　　　　）
A　机の上　　　　B　本棚の上　　　　C　テレビの上　　　D.　テレビの下

問題四、次の問題には絵はありません。録音を聞いて、正しい答えを一つ選んでください。

　　　ⓂP3 13-3-04

1.（　　　）　　　2.（　　　）　　　3.（　　　）　　　4.（　　　）

問題五、録音を聞いて、次の文を完成してください。録音は3回繰り返します。 ⓂP3 13-3-05

　　　お母さんは今日①＿＿＿＿＿＿から、一人で先に食事をしてね。ご飯とおかずは②＿＿＿＿＿＿＿から食べてください。食事の後、宿題をして、③＿＿＿＿＿＿ください。冷蔵庫に牛乳がありますから、寝る前に、飲んでね。夜、暗いですから、一人で④＿＿＿＿＿＿くださいよ。お父さんも今日は夜遅いから、⑤＿＿＿＿＿＿で、先に寝ていいよ。

解答

問題一、絵を見て、正しい答えをA、B、Cの中から一つ選んでください。 MP3 13-3-01

听力原文

1. 正しい説明はどれですか。
    A　男の人はめがねをかけています。
    B　男の人は帽子をかぶっています。
    C　男の人はスーツを着ています。
2. 男の人は何をしていますか。
    A　プレゼントを買っています。
    B　プレゼントを渡しています。
    C　プレゼントを開けています。

答案

1. A　2. B

問題二、絵を見て、正しい答えをA、B、C、Dの中から一つ選んでください。 MP3 13-3-02

听力原文

1. 男の人は、今日、どの順番で仕事をしましたか。
    女：今日、仕事、どうでしたか。忙しかったですか。
    男：ええ、そうなんですよ。午前中は、一人で外回りしました。暑くてたいへんでした。
    女：そうでしたか。今日は、本当に暑かったですね。
    男：それから、午後は、お客さんと会って、2時間ぐらい商品の説明をしました。
    女：えっ？2時間も説明したんですか。それは、たいへんでしたね。
    男：あ、そうだ。その前に、課長と1時間も仕事の打ち合わせをしたんですよ。もう、今日、いっぱい話をしました。
2. 教室に置くものは何ですか。
    　　来週のスポーツ大会は体育館でやりますが、運動靴を穿いてきてください。その日は学校の食堂は休みですから、お昼は、自分でお弁当を持ってきてください。体育館の中では、食べ物を食べてはいけないので、お弁当は教室に置いてください。お昼はみんなで教室に戻って、食べます。
    　　あと、タオル、飲み物は自分で準備して、体育館に持っていってください。財布などの貴重品は教室に置いてくださいね。

答案

1. C　2. A

問題三、録音を聞いて、A、B、C、Dの中から正しい答えを一つ選んでください。 MP3 13-3-03

🎧 听力原文

1. お父さんとお母さんが話しています。武さんは今、何をしていますか。

父：武は、今晩も、野球の練習？

母：いいえ。寝ていますよ。

父：え？まだ7時だよ。

母：明日テストがあるから、10時に起きて、朝まで勉強するって。

父：あ、そう。

武さんは今、何をしていますか。

2. 男の人と女の人が話しています。花瓶はどこに置きますか。

男：この花瓶、どこに置きますか。

女：机の上に置いてください。

男：でも、机の上には、本や雑誌がたくさんありますよ。

女：じゃあ、先に机の上をきれいにしてから、花瓶を置いてください。

男：はい。

女：ええと、本は本棚に、雑誌は、テレビの下の棚に置いてくださいね。

花瓶はどこに置きますか。

✍ 答案

1. D　2. A

問題四、次の問題には絵はありません。録音を聞いて、正しい答えを一つ選んでください。

MP3 13-3-04

🎧 听力原文

1. 男の人のお母さんは今、何をしていますか。

女：田中さんのお父さんは大学の先生ですよね。お母さんもお仕事をしているんですか。

男：母は、去年まで幼稚園の先生でしたが、今は大学に通っています。

女：じゃ、お母さんも大学の先生ですね。

男：いえ、栄養士になりたいと言って、勉強しているんです。

女：へえ、すごいお母さんですね。

男の人のお母さんは今、何をしていますか。

A　幼稚園の先生をしています。

B　大学の先生をしています。

C　大学で勉強しています。

D　栄養士をしています。

2. 記念写真は何時に撮りますか。

　　はい、皆さん、これから今日の予定を言いますから、よく聞いてください。9時に学校の前でバスに乗ります。博物館に着くまでは、1時間半ぐらいかかります。ええーと、着いてから、10分間ぐらいの休憩時間がありますので、自由に休んでください。10時40分に、博物館の入り口に集まってください。みんなで記念写真を撮ってから、中に入ります。いいですか。博物館に入る前に、写真を撮りますよ。集合時間に遅れないでください。

記念写真は何時に撮りますか。

A　9時　　　　　　　B　10時10分　　　　　C　10時30分　　　　D　10時40分

3. 男の人と女の人が話しています。王さんは今、何をしていますか。

　男：今年の大学祭、留学生もいろいろなお店を出していますね。

　女：ええ、皆さんが自分の国の料理を作って売っていますよ。

　男：へえ。それはいいですね。

　女：あ、あの人、うちのクラスの王さんですよ。ほら、あのチャイナドレスを着ている人。

　男：どれ、どれ、あ、今、鈴木さんと話をしている人ですか。

　女：いいえ、もう一人のチャイナドレスの人ですよ。今、看板の前で案内していますね。

王さんは今、何をしていますか。

A　国の料理を作っています。

B　鈴木さんと話をしています。

C　お店を出しています。

D　看板の前で案内しています。

4. 男の人と女の人が話しています。冷蔵庫に入れないものは何ですか。入れないものです。

　女：いっぱい買ってきましたよ。卵、牛乳、それから、チーズ。

　男：全部、冷蔵庫に入れましょうか。

　女：ええと、卵とチーズを入れてください。牛乳はすぐ使いますから、そのままでいいですよ。あ、卵も使いますね。

　男：はい、じゃ、チーズだけ入れるんですね。

冷蔵庫に入れないものは何ですか。

A　卵とチーズです。　　　　　　　　　　B　卵と牛乳です。

C　牛乳とチーズです。　　　　　　　　　D　牛乳だけです。

📝 **答案**

1. C　2. D　3. D　4. B

問題五、録音を聞いて、次の文を完成してください。録音は3回繰り返します。 🅜🅟🅩 13-3-05

🎧 📝 **听力原文及答案**

　　お母さんは今日①残業があるから、一人で先に食事をしてね。ご飯とおかずは②電子レンジで温めてから食べてください。食事の後、宿題をして、③お風呂に入ってください。冷蔵庫に牛乳がありますから、寝る前に、飲んでね。夜、暗いですから、一人で④外へ行かないでくださいよ。お父さんも今日は夜遅いから、⑤心配しないで、先に寝ていいよ。

許可・禁止

14-1 ここで勉強してもいいですか

聞く前に

まず自分で確認しましょう。録音を聞いて質問に答えてみてください。 MP3 14-1-00

答案范例

1. 私（わたし）の大学（だいがく）では、図書館（としょかん）で飲食（いんしょく）をしてはいけません。教室（きょうしつ）でタバコを吸（す）ってはいけません。
   授業中（じゅぎょうちゅう）は、携帯電話（けいたいでんわ）を使（つか）ってはいけません。
2. Aは携帯電話使用禁止（けいたいでんわしようきんし）のマークです。ここで携帯電話（けいたいでんわ）を使（つか）ってはいけません。
   Bは駐車禁止（ちゅうしゃきんし）のマークです。ここで駐車（ちゅうしゃ）してはいけません。
   Cは飲食禁止（いんしょくきんし）のマークです。ここで飲食（いんしょく）をしてはいけません。

基礎編

聞いて選びましょう

一、録音を聞いて、その内容と合っているものに○を、違うものに×をつけてください。

MP3 14-1-01

听力原文

1. 女：ここの水道水をそのまま飲んではだめです。
2. 男：ここで泳いではいけません。
3. 女：ここで食事をしてもかまいません。
4. 男：ここでタバコを吸ってはいけません。

5. 女：ここで自由に写真を撮ってもいいです。

6. 男：ここに駐車してはいけません。

答案

1. ○　2. ○　3. ×　4. ○　5. ×　6. ○

解析

　　判断录音内容与图片表达内容是否一致。主要练习表示许可和禁止的表达方式。

- 第1题中提到了自来水可否「そのまま飲む」（直接饮用）。在日本，家里或公园里的自来水都可以直接饮用。

- 第3题图片所示内容的正确说法是「ここで飲食をしてはいけません」（此处禁止饮食）。

- 第5题图片所示内容的正确说法是「ここは撮影禁止です。写真を撮ってはいけません」（此处禁止摄影。不许照相）。

二、会話を聞いて、その内容と合っている絵を選んでください。　MP3 14-1-02

听力原文

1. 男：すみません、メモを取らなければなりませんか。

　　女：いいえ、ボイスレコーダーがありますから、メモを取らなくてもいいです。

　　男：それはよかった。

2. 女：サインはローマ字でもいいですか。

　　男：いいえ、ローマ字ではだめです。漢字でなければなりません。

3. 男：運動をするとき、動きやすい服と運動靴が必要です。

　　女：動きやすい服ですか。じゃ、Tシャツを着てもいいですか。

　　男：うん、いいですよ。

4. 男：王さん、作文はパソコンで清書しなければなりません。

　　女：え？これでだめですか。「清書」って何？

　　男：「清書」とは下書きなどをきれいに書き直すことです。今のはまだ下書きでしょ。これをパソコンで清書しなければだめです。

　　女：はい。そうします。

答案

1. B　2. A　3. A　4. B

解析

　　根据录音内容选择相应的图片。解题方法是先判断A与B的区别，然后听录音进行辨别。重点听与图片相关的表示许可或禁止的表达方式。

- 第1題中，A是「ノート」（笔记本），B是「ボイスレコーダー」（录音笔）。「メモを取る」意为"记笔记"。解题关键句是「メモを取らなくてもいい」（可不用记笔记），故答案为B。
- 第2題中，A是「漢字でのサイン」（用汉字签的名），B是「ローマ字でのサイン」（用罗马字签的名）。解题关键句是「ローマ字ではだめです」（不能用罗马字签名），故答案为A。
- 第3題中，A是「Tシャツ」（T恤衫），B是「スーツ」（西装）。当女生问「Tシャツを着てもいいですか」（可不可以穿T恤衫）时，男生回答「うん、いいですよ」（嗯，可以啊），故答案为A。
- 第4題中，A是「作文の下書き」（作文的草稿），B是「清書した作文」（誊写后的作文）。解题关键句是「作文はパソコンで清書しなければなりません」（作文必须用电脑誊写一遍），或是「これをパソコンで清書しなければだめです」（这个不用电脑誊写一遍不行），故答案为B。

三、録音を聞いて、その内容と合っているものを選んでください。 MP3 14-1-03

🎧 **听力原文**

1. 男：先生、試験のとき、鉛筆で書いてもいいですか。

   女：ええ、鉛筆でもボールペンでもいいです。でも、きれいに書かなければなりませんよ。

   男：分かりました。

2. 男：李さん、ちょっといいですか。

   女：はい。

   男：図書館でものを食べてはいけませんよ。今度は食べ物を持ってこないでください。

   女：はい、気をつけます。すみませんでした。

3. 男：すみません、名前を書かなければなりませんか。

   女：これは試験ではありませんから、書かなくてもいいです。

📝 **答案**

1. A 2. B 3. A

💡 **解析**

判断录音内容与文字信息是否对应。重点听题目涉及的主要内容。

- 第1题要求判断是否可用铅笔写。解题关键句是「鉛筆でもボールペンでもいいです」（用铅笔、圆珠笔都可以），故答案为A。
- 第2题要求判断能否在图书馆吃东西。解题关键句是「図書館でものを食べてはいけません」（在图书馆不可以吃东西），故答案为B。
- 第3题要求判断是「名前を書かなくてもいいです」（可以不写名字），还是「名前を書かなければなりません」（必须写名字）。解题关键句是「これは試験ではありませんから、書かなくてもいいです」（因为这不是考试，所以可以不写名字），故答案为A。

▷ 聞いて書き入れましょう

四、男の人と女の人が話しています。やってもいいことは何ですか。会話を聞いて、例のように書いてください。 MP3 14-1-04

🎧 **听力原文**

例

男：ここは英語で書いてもいいですか。

女：ええ、英語でけっこうです。

男：分かりました。

1. 女：先生、試験の時、平仮名で書いてもいいですか。

男：ええ、いいですよ。平仮名でも大丈夫です。

2. 男：あのう、看護婦さん、今晩水を飲んでもいいですか。

女：水を飲んでもいいですが、お菓子などは食べてはいけませんよ。

男：はい、気をつけます。

✐ **答案**

1. 平仮名で書く　2. 水を飲む

💡 **解析**

　　听录音中有关征求许可或发出指示等的内容，重点听其中的动词，并运用动词活用的知识，将会话中经过词尾变化的动词还原为基本形，归纳出相关词组，完成填空题。如例题所示，需要将听到的「書いてもいい」（可以写）这句话中的动词还原为基本形「書く」（写），并归纳出符合题目要求的词组「英語で書く」（用英语写），填到横线上。

- 第1题中，「平仮名でも大丈夫です」意为“可以用平假名书写”。「～でも/ても大丈夫です」表示“允许别人做某事”。

- 第2题中，「水を飲んでもいいです」意为“可以喝水”。「お菓子などは食べてはいけません」意为“不能吃点心”。

五、次はいろいろなルールについての内容です。会話を聞いて、例のように書いてください。

MP3 14-1-05

🎧 **听力原文**

例

男：すみません、美術館では写真を撮らないでください。

女：あ、撮影はだめですか。

男：ええ、写真を撮ってはいけません。

女：分かりました。

1. 男：あのう、すみません。ここでタバコを吸ってもいいですか。

　　女：あっ、このレストランは禁煙ですので、タバコは屋外の喫煙所で吸ってください。

　　男：屋外ですね。はい、分かりました。

2. 男：あのう、ごみ箱はどこにありますか。

　　女：すみません、この図書館にはごみ箱はありません。ごみは自分で家へ持って帰って
　　　　ください。

　　男：ごみは持って帰るんですね。分かりました。

答案

1. タバコを吸ってはいけません　2. ごみを捨ててはいけません

解析

　　听录音中有关规章、制度等的信息，完成填空题。在解题前要先阅读题目，明确听力任务，注意听需要填空的关键信息。

- 第1题中，「喫煙所」意为"吸烟区"，"禁烟室，无烟区"表述为「禁煙室」。
- 第2题中，「家へ持って帰ってください」意为"请带回家"。

応用編

聞いて書き入れましょう

六、録音を聞いて、次の文を完成してください。 MP3 14-1-06

听力原文

地震の時の注意事項

地震の時、注意しなければならないことがたくさんあります。

部屋にいる場合はまず次のことを覚えましょう。

1. 揺れが大きい時は、慌てて外へ出てはいけません。

2. 大きい家具から離れてください。机の下に入ってもいいです。

3. 携帯電話などで正しい情報を調べなければなりません。

4. 部屋から降りる時は階段を利用してください。エレベーターを使ってはいけません。

…

〇〇大学留学生寮

📝 **答案**

①外へ出ては　②入っても　③調べ　④エレベーターを使っては

💡 **解析**

　　本题介绍了发生地震时的四个注意事项，第1个是"摇晃厉害时，不要着急外出"；第2个是"要远离大型家具，可以躲到桌子底下"；第3个是"必须用手机等工具查看正确的地震消息"；第4个是"离开房间下楼时要走楼梯，不要使用电梯"。重点听动词搭配及动词的用法。

七、録音を聞いて、＿＿＿＿に適当な言葉を書き入れてください。録音は3回繰り返します。

🎧 MP3 14-1-07

🎧📝 **听力原文及答案**

　　わたしは大学の近くのアパートに①住んでいます。このアパートにはいろいろな規則があります。まず、②部屋の中でタバコを吸ってはいけません。わたしはタバコを吸いませんから、とくに問題ではありません。問題は壁に写真や絵などを③貼ってはいけないことです。家族の写真を飾りたいですけどね。また、友達と④ルームシェアをしてはいけません。

💡 **解析**

　　（略）

14-2 ここでタバコを吸ってはいけません

聞く前に

まず自分で確認しましょう。録音を聞いて質問に答えてみてください。 MP3 14-2-00

答案范例

1. 食事のマナーについて、中国と日本はよく似ています。特に箸の使い方はほぼ同じです。
2. 授業中と会議中は携帯電話を使ってはいけません。また、飛行機の中でも機内モードかパワーオフにしなければなりません。

基礎編

聞いて選びましょう

一、録音を聞いて、その内容と合っているものに○を、違うものに×をつけてください。

MP3 14-2-01

听力原文

1. 女：ここでは携帯電話を使ってはいけません。
2. 男：ここではタバコを吸ってもいいです。
3. 女：これは壊れやすい物のマークです。運ぶ時に気を付けないといけません。
4. 男：廊下では走ってはいけません。
5. 女：ここはペットを連れて入っても大丈夫です。
6. 男：この先には車は入ってはいけませんが、人は入ってもいいです。

答案

1.○　2.○　3.○　4.○　5.×　6.×

解析

　　判断录音内容与图片表达内容是否一致。主要练习识别各种标志。

- 第5题图片所示内容的正确说法是「ここはペットを連れて入ってはいけません」（这里不能带宠物进来）。
- 第6题图片所示内容的正确说法是「これは通行禁止のマークです。人は入ってはいけません」（这是禁止通行的标志，行人不能入内）。

二、会話を聞いて、その内容と合っている絵を選んでください。 ◎MP3 14-2-02

🎧 **听力原文**

1. 男：山田さん、このシャツにあるマークは何のマークですか。

　　女：これですか。アイロン不可です。このシャツにアイロンをかけてはいけませんよ。

　　男：分かりました。ありがとうございます。

2. 男：飛行機の中で携帯電話を使ってもいいですか。

　　女：そうですね。前はだめでしたが、今は使っても大丈夫なんですね。

　　男：それはいいですね。

　　女：ただし、機内モードにしなければなりませんよ。ほら、こうして機内モードをオン
　　　　にしますね。

3. 女：課長、ちょっと、いいでしょうか。

　　男：はい、張さん、何ですか。

　　女：あのう、明日の午後、休みを取ってもいいでしょうか。ちょっと、ビザのことで入
　　　　管に行かなければならないんですが。

　　男：分かりました。大丈夫ですよ。

　　女：ありがとうございます。

4. 男：では、会社のルールを説明します。まず、インターネットでチャットしてはいけま
　　　　せん。つまり、仕事用のパソコンでは、チャットアプリを使ってはいけません。

　　女：SNSはだめですか。きびしいですね。

　　男：ですから、仕事用のパソコンにチャットアプリをインストールしないでください。

　　女：はい、分かりました。

📝 **答案**

1. A　2. A　3. B　4. B

💡 **解析**

　　根据录音内容选择相应的图片。解题方法是先判断A与B的区别，然后听录音进行辨别。

- 第1题中，A是「アイロンをかけてはいけません」（不可熨烫），B是「アイロンをかけてもいいです」（可熨烫）。解题关键句是「このシャツにアイロンをかけてはいけませんよ」（这件衬衫不能熨烫），故答案为A。

- 第2题中，A是「機内モードがオン」（飞行模式打开），B是「機内モードがオフ」（飞行模式关闭），解题的关键句是「こうして機内モードをオンにしますね」。

- 第3题中，「入管」是「入国管理局」的简略说法。

- 第4题中，A是「チャットしてもいい」（可以聊天），B是「チャットしてはいけない」（不可以聊天）。解题关键句是「チャットアプリを使ってはいけません」（不可以使用聊天软件），故答案为B。

三、録音を聞いて、その内容と合っているものを選んでください。 MP3 14-2-03

🎧 听力原文

1. 女：日本では車は左側を走らなければなりません。

   男：そうですか。中国では右側を走りますね。ちょうど逆です。

2. 女：先生、もう、薬を飲まなくてもいいですか。

   男：ええ、熱が下がったら、飲まなくてもいいですよ。

   女：今の体温は36度5分ですから…。

3. 男：佐藤さん、この書類にはサインペンでサインをしなければいけませんよ。

   女：え？ボールペンを使ってはいけませんか。

   男：ええ、そうです。日本ではボールペンでいいですが、中国では普通サインペンを使います。ボールペンはだめですよ。

   女：分かりました。では書き直します。

📝 答案

1. A　2. B　3. A

💡 解析

　　判断录音内容与文字信息是否对应。重点听题目涉及的主要内容。

- 第1题要求判断在日本汽车是「左側を走る」（靠左侧通行），还是「右側を走る」（靠右侧通行）。解题关键句是「日本では車は左側を走らなければなりません」（在日本汽车必须靠左侧通行），故答案为A。在日本，车辆必须靠左侧通行，而在中国是靠右侧通行。「ちょうど逆です」意为"正好相反"。

- 第2题要求判断是「飲まなければならない」（必须喝），还是「飲まなくてもいい」（可以不喝）。解题关键句是「熱が下がったら、飲まなくてもいいです」（如果烧退了，可以不吃药）。女生最后说体温是36.5摄氏度，说明退烧了，故答案为B。

- 第3题要求判断在中国签字时用「サインペン」（签字笔），还是用「ボールペン」（圆珠笔）。解题关键句是「日本ではボールペンでいいですが、中国では普通サインペンを使います。ボールペンはだめですよ」（日本可以使用圆珠笔签字，但在中国通常用签字笔签字，不可以用圆珠笔签字），故答案为A。在中国，签重要文件时须使用签字笔，而在日本，签字时通常使用黑色圆珠笔即可。

> **聞いて書き入れましょう**

四、男の人と女の人が話しています。してはいけないことは何ですか。会話を聞いて、例のように書いてください。 MP3 14-2-04

🎧 **听力原文**

例

　　女：あそこの席が空いていますね。座りましょうか。

　　男：だめだよ。あれは優先席だよ。

　　女：あ、ほんとうですね。座ってはいけませんね。

1. 男：あのう、ここでお弁当を食べてもいいですか。

　　女：すみません、館内は飲食禁止ですので、お弁当はご遠慮ください。庭にテーブルがありますから、そちらで食べてください。

　　男：はい、分かりました。

2. 女（患者）：先生、今晩お風呂に入ってもいいですか。

　　男（医者）：まだ熱がありますから、入ってはいけません。

　　女　　　　：はい、分かりました。

　　男　　　　：じゃ、薬を出しますから、薬局でもらってください。

　　女　　　　：はい。ありがとうございました。

✏️ **答案**

1. 弁当を食べる　2. お風呂に入る

💡 **解析**

　　听录音中有关规则、要求等的信息。本题练习如何归纳话题。解题时需要学生运用所学的动词活用知识将动词还原为基本形。如例题所示，需要将录音中「座ってはいけませんね」（禁止坐）这句话的动词还原为其基本形「座る」（坐），然后用该动词组成词组后填空。

- 第1题中，「ご遠慮ください」意为"请不要做……"，「お弁当はご遠慮ください」意为"请您不要（吃）盒饭"。
- 第2题中，「まだ熱がありますから、入ってはいけません」意为"还没有退烧，不可以泡澡"。

五、会話を聞いて、例のように書いてください。 MP3 14-2-05

🎧 **听力原文**

例

　　女：すみません、この美術館は飲食禁止です。

　　男：あ、飲み物もだめですか。

女：はい、食べ物も飲み物もご遠慮ください。

男：分かりました。どうも失礼しました。

1. 女：携帯電話は便利ですね。

　　男：そうですね。でも、映画館や劇場などでは使ってはいけません。

　　女：そうですか。

　　男：それに、授業中や会議中はマナーモードにしなければなりません。

　　女：それはそうですね。使う時色々マナーを守らなければなりませんね。

2. 男：あ、王さん、もう切符を買いましたか。

　　女：いいえ。「公交卡」というICカードがありますから。

　　男：「公交卡」？

　　女：ICカードです。ほら、関西のイコカ（ICOKA）と似ているICカードですよ。バス
　　　　や地下鉄に乗るとき、切符を買わなくてもいいんです。

　　男：へえ、いいですね。

答案

1. 映画館や劇場　2. ICカード

解析

　　听录音中有关规章、制度等的信息，完成填空题。在解题前要先阅读题目，明确听力任务，听录音时需集中听要填空的关键信息。

- 第1题中，在日本的电影院或剧场内禁止使用手机，在日本的公交车、电车上通常不能用手机通话，在医院等使用精密电子设备的地方也通常禁止使用手机。上课、参加会议时需要把手机设置为「マナーモード」（静音模式）。

- 第2题中出现「ICカード」（IC卡）一词，这种磁卡跟我国各地使用的公交卡一样，可以代替车票用来乘坐公共交通工具。日本关西地区使用「ICOKA」、东京使用「SUICA」等的IC卡。

応用編

▶ 聞いて書き入れましょう

六、録音を聞いて、次の文を完成してください。 MP3 14-2-06

听力原文

　　皆さんはジムをよく利用しますか。ジムを利用する時、利用方法とマナーに気をつけましょう。まずは十分に準備運動をしてください。そして、無理なトレーニングをしてはい

けません。ジムの設備はみんなで使いますので、きれいに使わなければなりません。タバコを吸ってはいけません。運動器具などを使う時は順番を守らなければなりません。最後ですが、帰る時はロッカーのカギを返さなければなりません。

✎ 答案

①準備運動　②トレーニング　③使わ　④吸っては　⑤守ら　⑥返さ

💡 解析

本題为健身房的使用方法与规则。录音为说明性话语，要求听并记录使用健身房时的注意事项。

七、録音を聞いて、＿＿＿＿に適当な言葉を書き入れてください。録音は3回繰り返します。

MP3 14-2-07

🎧✎ 听力原文及答案

　　人の家で食事をするとき、マナーやいろいろ①気をつけなくてはいけないことがあります。テーブルの上の食器に②顔を近づけて食べてはいけません。ご飯やみそ汁は、いつも③ちゃわんやおわんを持って食べます。日本では④うどんやそばは音を立てて食べてもいいですが、その他のものは音を立てないで食べたほうがいいです。また、口の中に⑤食べ物があるときは話してはいけないです。口の中のものを全部食べて、⑥箸やちゃわんをテーブルに置いてから話します。

💡 解析

　　（略）

練習問題

問題一、絵を見て、正しい答えをA、B、Cの中から一つ選んでください。 MP3 14-3-01

1.

（　　）

2.

（　　）

問題二、絵を見て、正しい答えをA、B、C、Dの中から一つ選んでください。MP3 14-3-02

1.

A

B

C

D

2.

A

B

C

D

問題三、録音を聞いて、A、B、C、Dの中から正しい答えを一つ選んでください。 MP3 14-3-03

1. (　　　　)
　A　途中で外に出ること　　　　　　　　B　教科書を見ること
　C　ノートを見ること　　　　　　　　　D　辞書で調べること

2. (　　　　)
　A　本を読むこと　　　　　　　　　　　B　話すこと
　C　飲み物をかばんの中に入れること　　D　食べ物をかばんの中に入れること

問題四、次の問題には絵はありません。録音を聞いて、正しい答えを一つ選んでください。

　　　　　MP3 14-3-04

1. (　　　　)　　　　2. (　　　　)　　　　3. (　　　　)　　　　4. (　　　　)

問題五、録音を聞いて、次の文を完成してください。録音は3回繰り返します。 MP3 14-3-05

　日本の温泉は世界中で有名です。海外からの観光客にも人気があります。温泉の入浴マナーはいろいろありますが、皆さんは知っていますか。例えば、温泉に入る前にまずシャワーを浴びて①＿＿＿＿＿＿＿＿＿なければなりません。そして、温泉に入る時はお湯の中に②＿＿＿＿＿＿＿＿＿てはいけません。また、髪が長い人は髪をお湯に③＿＿＿＿＿＿＿＿＿てください。④＿＿＿＿＿＿＿＿＿の後は温泉に入らないほうがいいです。

　ぜひ入浴のマナーに⑤＿＿＿＿＿＿＿＿＿ながら楽しく温泉に入りましょう。

解答

問題一、絵を見て、正しい答えをA、B、Cの中から一つ選んでください。 MP3 14-3-01

🎧 **听力原文**

1. このマークは何を意味していますか。
   A　ここに駐車してはいけません。
   B　ここに駐車してもいいです。
   C　ここで食事してもいいです。
2. ここでは、どんなことが禁止になっていますか。
   A　靴をはいてはいけません。
   B　靴をはかないままでは入ってはいけません。
   C　靴のままで入ってはいけません。

✏️ **答案**

1. B　2. C

問題二、絵を見て、正しい答えをA、B、C、Dの中から一つ選んでください。 MP3 14-3-02

🎧 **听力原文**

1. 男の人が話しています。熱がある時、一番しなければならないことは何ですか。
   男：え～、熱があると、何も食べたくなくなりますよね。そんな時は、無理に食べなくて
   　　もいいですよ。一番大切なのは、水を飲むことです。お茶でもジュースでも構いませ
   　　んから、とにかく水分をとらなければなりません。あ、でも、お風呂は入らないほう
   　　がいいですよ。一晩我慢してください。
2. 男の人と女の人が図書館で話しています。ロッカーに入れなければならないものは何です
   か。
   男：ちょっとすみません。その荷物はロッカーに入れてください。
   女：えっ？だめですか。
   男：食べ物や飲み物は持ち込み禁止になっています。図書館で食べたり飲んだりしてはい
   　　けません。
   女：じゃ、財布とかばんは？
   男：それはいいです。

✏️ **答案**

1. B　2. B

問題三、録音を聞いて、A、B、C、Dの中から正しい答えを一つ選んでください。 🎧MP3 14-3-03

🎧 **听力原文**

1. 試験の時、してもいいことは何ですか。

    女：皆さん、今から試験です。自分の名前と受験番号を書いてください。この試験は11時までです。11時までに外に出てはいけません。

    男：先生、辞書を見てもいいですか。

    女：辞書はいいですが、教科書とノートを見てはいけません。

    男：はい、分かりました。

    試験の時、してもいいことは何ですか。

2. 図書館の中でしてはいけないことは何ですか。

    女：皆さん、この図書館には大切な本がたくさんありますから、飲食は禁止です。飲み物や食べ物はかばんの中に入れてください。図書館の中で出さないでください。そして、図書館の中では話さないでくださいよ。みんな本を読んでいますから。

    男：はい、分かりました。

    女：じゃ、入りましょう。

    図書館の中でしてはいけないことは何ですか。

📝 **答案**

1. D　2. B

問題四、次の問題には絵はありません。録音を聞いて、正しい答えを一つ選んでください。

🎧MP3 14-3-04

1. 女の人と男の人が話しています。今日の夜8時まで飲んでもいいものは何ですか。

    女：今日は夜7時までに夕食を食べて、7時からは何も食べないでください。お菓子もだめです。お茶やコーヒーは8時までは飲んでもいいですが、8時からはだめです。お酒は今晩は絶対に飲まないでください。

    男：水も飲んでもいけませんか。

    女：あ、水は明日の朝6時までは飲んでもいいですよ。

    男：分かりました。

    今日の夜8時まで飲んでもいいものは何ですか。

    A　コーヒーとお酒　　　　　　　　B　お茶とお酒

    C　水とお茶とお酒　　　　　　　　D　お茶とコーヒーと水

2. 男の人が話しています。熱がある時、一番しなければならないことは何ですか。

    男：え～、熱があると、何も食べたくなくなりますよね。そんな時は、無理に食べなくてもいいですよ。一番大切なのは、水を飲むことです。お茶でもジュースでも構いませんから、とにかく水分をとらなければなりません。あ、でも、お風呂は入らないほうがいいですよ。一晩我慢してください。

熱がある時、一番しなければならないことは何ですか。

A　おいしいものを食べることです。　　B　水分をとることです。

C　お風呂に入ることです。　　　　　　D　よく眠ることです。

3. 男の人はどこでタバコを吸いますか。

男：あのう、すみません、ここでタバコを吸ってもいいですか。

女：あっ、このレストランは禁煙ですので、店内ではご遠慮ください。タバコは屋外で
　　吸ってください。

男：屋外ですね。はい、分かりました。

男の人はどこでタバコを吸いますか。

A　レストランの中　　　　　　　　　　B　レストランの外

C　お手洗いのところ　　　　　　　　　D　喫煙席のところ

4. 会議中は携帯電話をどうしますか。

女：携帯電話は便利ですね。

男：そうですね。でも、映画館や劇場などでは使ってはいけません。

女：そうですか。

男：それに、授業中や会議中はマナーモードにしなければなりません。

女：そうですね。会議中などで突然携帯が鳴ったら恥ずかしいですね。

会議中は携帯電話をどうしますか。

A　マナーモードにします。　　　　　　B　自由に使います。

C　機内モードにします。　　　　　　　D　電源を切ります。

答案

1. D　2. B　3. B　4. A

問題五、録音を聞いて、次の文を完成してください。録音は3回繰り返します。 MP3 14-3-05

听力原文及答案

　　日本の温泉は世界中で有名です。海外からの観光客にも人気があります。温泉の入浴マナーはいろいろありますが、皆さんは知っていますか。例えば、温泉に入る前にまずシャワーを浴びて①体をきれいにしなければなりません。そして、温泉に入る時はお湯の中に②タオルを入れてはいけません。また、髪が長い人は髪をお湯に③入れないでください。④お酒の後は温泉に入らないほうがいいです。

　　ぜひ、入浴のマナーに⑤気をつけながら楽しく温泉に入りましょう。

第 15 課

総合練習

問題1　次の文の_____に適当なひらがなを書き入れてください。（1×10）

🎧✍ **听力原文及答案**

1. 大学での勉強は大変ですが、<u>たのし</u>いです。
2. 日本では、5月4日は<u>みどりのひ</u>と言い、休みになっています。
3. 私の毎日の朝ごはんはごはんと<u>みそしる</u>だけです。
4. 充実した生活で、毎日楽し<u>くすごし</u>ています。
5. 今日は雨なので、外でのジョギングは<u>できません。</u>
6. 同じ手で、はしと<u>ちゃわん</u>などをいっしょに持ってはいけない。
7. お肉の質はもちろん、割り下の味が<u>のうこう</u>で美味しいですよ。
8. あまり漫画を読まない人は、この機会に<u>よんでみて</u>はいかがでしょうか。
9. お肉、魚などのおかずはよく噛んで、<u>ゆっくり</u>食べましょう。
10. 部屋の中でタバコを<u>すって</u>はいけません。

問題2　次の文の_____に適当な漢字を書き入れてください。（1×10）

🎧✍ **听力原文及答案**

1. 私は大学で日本語を<u>専攻</u>しています。
2. 日本では5月5日は<u>子供の日</u>で、祝日です。
3. 私の学校は<u>駅</u>の近くにあります。
4. 大学の近くですから、<u>自転車</u>で行きました。
5. 僕が分からなくて困っている時、先生はいつも<u>優</u>しく教えてくださいます。
6. きれいな海は、国内と海外の観光客にたいへん<u>人気</u>があります。
7. 私は生け花より日本料理のほうが、ずっと<u>得意</u>です。
8. 味噌汁やスープなどの汁物は、一番<u>最初</u>に食べてください。
9. ご飯とおかずは<u>電子</u>レンジで温めてから食べてください。
10. 寮暮らしに慣れた私にとって、一人暮らしはちょっと<u>寂</u>しいです。

問題3 次の文の＿＿＿＿＿に適当な**カタカナ**を書き入れてください。（1×10）

听力原文及答案

1. トムさんは2年前に<u>カナダ</u>から来ました。
2. 私の趣味は<u>ドライブ</u>です。
3. 私は毎日<u>シャープペンシル</u>を使っています。
4. 図書館の4階の<u>フロア</u>には、メディアルームがあります。
5. 今日は雨ですから、<u>タクシー</u>を利用します。
6. 今日は<u>サークル</u>活動があるので、6時ごろ終わります。
7. 自動販売機の前で、<u>ジュース</u>を飲んでいます。
8. 世界に誇る日本文化といえば、<u>アニメ</u>や漫画でしょう。
9. この紙に本の名前と今日の日付を書いてから、貸し出し<u>カウンター</u>に持って行ってください。
10. 温泉に入る前に、<u>シャワー</u>をあびて、体をきれいにします。

問題4 絵を見ながら質問を聞いてください。A、B、C、Dの中から、最もよいものを一つ選んでください。（2×10）

听力原文

1. これは何ですか。
   A 6本の本があります。カバーは赤や白もあります。
   B 6冊の本があります。カバーは黄色や黒もあります。
   C 6枚の本があります。カバーは紫色や白もあります。
   D 6個の本があります。カバーは赤や黒もあります。
2. 絵の説明と一致するのはどれですか。
   A 女の人は手を上げました。
   B 女の人は花に水をやっています。
   C 男の人は窓を閉めました。
   D 男の人はめがねを掛けていません。
3. 女の人は何をしていますか。
   A 女の人は洗濯をしています。
   B 女の人は洗濯をやっています。
   C 女の人は掃除機をしています。
   D 女の人は掃除機をかけています。
4. 女の子は何をしていますか。
   A 片手で自転車に乗っています。
   B 両手で自転車に乗っています。

  C 自転車を押しながら、手を振っています。

  D 自転車を押しながら、犬の散歩をしています。

5. これは山田さんの平日と休日のスケジュールです。山田さんの休日は平日とどう違いますか。休日です。

  A 朝、平日より早く起きます。

  B 朝、平日より遅く起きます。

  C 休日は平日より、早く起きます。

  D 休日は平日と同じ時間に起きます。

6. 二人が話をしています。女の人は、どのような名刺を作りますか。

  女：名刺は色々な種類がありますね。

  男：ええ、490円から1,640円まで、値段がかなり違いますね。

  女：一番安いのは、片面だけで面白くないでしょう。

  男：そうだね。1,640円、これは一番高いですね。両面フルカラーで、おしゃれですね。

  女：そうですね。まあ、会社が払ってくれるんだから、ちょっと高いですけど、おしゃれなほうにしましょう。

7. 夫婦が話しています。二人はどの写真のことを言っていますか。

  女：ねえ、お父さん、この間の写真、できました。なかなか良かったですよ。

  男：どれどれ？あ、公園の写真ですか。

  女：ええ。ほら、ゆうちゃんも、ひろし君も楽しそうにブランコを乗っていましたね。

  男：そうだね。それより、これ、ぼくとあやちゃんとのツーショット、なかなか気に入っている。

  女：そうですね。それにこのブランコの猫ちゃんも珍しくてかわいいですね。

  男：じゃ、この一枚を写真立てに飾ります。

8. おばあさんは、今、どんなポーズをしていますか。

  女：次は腰の痛みを改善するための体操をご紹介します。まず、両手を上に挙げてください。それから左足を上に挙げてください。左足ですよ。そして、腰は回さないでください。このまま、20秒、続けてください。はい、おばあちゃん、1、2、3、4、5…。

9. お母さんが息子と話しています。今日の運動会に持って行かなくてもいいものは何ですか。

  母 ：はい、これ、お弁当ができましたよ。それから、帽子は？

  息子：はい、持っているよ。

  母 ：あ、そうだ。今日は雨かもしれないから、傘を持って行きなさい。

  息子：はい。

  母 ：あら、たけし、今日は運動会だから、ランドセルはいらないよ。

  息子：あ、そうか。

10. 郵便番号は何番ですか。

　　女：はい、みなさま、このイベントに、親子で20組様を抽選でご招待いたします。ご
　　　　応募の方は、このハガキに次のように書いてください。まず、郵便番号は、125－
　　　　8052です。125－8052で、お間違えないようにしてください。それから、みなさ
　　　　まのお名前とご住所を書いてから、お送りください。多くのご応募をお待ちしてお
　　　　ります。

答案

1.B　2.B　3.D　4.D　5.B　6.D　7.B　8.B　9.D　10.D

問題5　録音を聞いて、自然な会話を選んでください。（2×10）

听力原文

1. 女：明日辞書を忘れないでくださいね。
　　男：A　はい、そうでしょう。
　　　　B　はい、そうしてください。
　　　　C　はい、分かりました。

2. 男：それじゃ、行ってきます。
　　女：A　お休みなさい。
　　　　B　いってらっしゃい。
　　　　C　ごめんなさい。

3. 女：試験の時、ボールペンを使ってもいいですか。
　　男：A　ええ、使いますよ。
　　　　B　いいえ、使いませんよ。
　　　　C　はい、かまいませんよ。

4. 女：どうぞ、お大事に。
　　男：A　はい、大事です。
　　　　B　おかげさまで、元気です。
　　　　C　どうもありがとうございます。

5. 女：誰かと旅行に行きましたか。
　　男：A　はい、王さんが行きました。
　　　　B　はい、王さんと行きました。
　　　　C　いいえ、水曜日に行きました。

6. 女：すみませんが、この近くに銀行がありますか。
　　男：A　ええ、まっすぐ行ってください。
　　　　B　ええ、ありませんよ。
　　　　C　ええ、銀行ですよ。

7. 男：日本語と英語と、どっちが難しいですか。

　　女：A　日本語が珍しいです。

　　　　B　英語のほうが難しいです。

　　　　C　はい、英語より難しいです。

8. 女：すみません、東京駅へは、どうやって行きますか。

　　男：A　ええと、東京駅で降りますよ。

　　　　B　ええと、山手線に乗ってください。

　　　　C　ええ、この電車は行きませんよ。

9. 女：明日の朝、5時に起きてくださいね。

　　男：A　はい、5時ですね。

　　　　B　はい、さしあげますね。

　　　　C　はい、朝でしょうね。

10.女：ジュースを飲んでいる人は誰ですか。

　　男：A　ああ、あれは田中さんですよ。

　　　　B　ああ、あれが田中さんですか。

　　　　C　ああ、ジュースを飲んでいますか。

答案

1.C　2.B　3.C　4.C　5.B　6.A　7.B　8.B　9.A　10.A

問題6　録音を聞いて最もよいものを一つ選んでください。この問題には絵はありません。（2×10）

听力原文

1. 男の人は何を買いましたか。

　　男：すみません、これは、1枚750円ですか。

　　女：はい、そちらのタオルは1枚750円です。

　　男：じゃ、これを2枚ください。それから、こっちの900円のを4枚ください。

　　女：はい、かしこまりました。

　　男の人は何を買いましたか。

　　A　750円の4枚と900円の2枚　　　　B　750円の2枚と900円の2枚

　　C　750円の2枚と900円の4枚　　　　D　750円の4枚と900円の4枚

2. 女の人と男の人が話しています。パーティーに来る人は何人になりましたか。

　　女：来週のパーティーは何人来るんですか。

　　男：ええと、全部で8人です。

　　女：あ、そうそう、佳代さんは来週、都合が悪くなったそうですよ。

　　男：では、佳代さんは来られないんですね。

　　女：ええ、それから、健さんは友達を3人つれてくるそうですが。

男：そうですか。分かりました。

パーティーに来る人は何人になりましたか。

A　8人　　　　　　　B　9人　　　　　　　C　10人　　　　　　D　11人

3. 男の人は今度の土曜日に何をしますか。

女：今度の土曜日、天気が悪くなるそうですね。

男：そうですね。

女：ハイキングをやめませんか。

男：そうしましょうか。ああ、そうだ。実は、日曜日は父と母の結婚記念日でした。何かプレゼントを買わなくちゃと思ってたんです。

女：じゃ、付き合いましょうか。私、買い物が大好きだから。

男：よかった。お願いします。

男の人は今度の土曜日に何をしますか。

A　ハイキングします。　　　　　　B　結婚式に出ます。

C　両親と買い物に行きます。　　　D　女の人と買い物に行きます。

4. 女の人はどんなかばんを買いましたか。

男：このかばんはいかがでしょう。軽くて持ちやすいですよ。

女：そうねえ。旅行に持っていきたいから、もう少し大きいのがいいわ。

男：じゃあ、こちらはいかがでしょうか。

女：色は茶色じゃなくて、黒いほうが好きなんだけど。

男：では、こちらのかばんなら、茶色も黒もあります。

女：そうね。これなら大きさもいいし、これにするわ。

男：はい、ありがとうございます。

女の人はどんなかばんを買いましたか。

A　茶色で持ちやすいかばん　　　B　茶色で少し大きいかばん

C　黒くて持ちやすいかばん　　　D　黒くて少し大きいかばん

5. たけおさんの兄弟の中で、野球をする人は誰ですか。

女：たけおさんは、野球がお上手ですね。

男：いや、そんなことないんですよ。実は、弟のほうがずっと上手なんです。それに、あいつ、テニスもやっているんですよ。

女：へえ、すごいですね。じゃ、お兄さんも野球をするんですか。

男：いいえ、兄はスポーツじゃなくて、楽器をやっているんです。

女：へえー、格好いいですね。

たけおさんの兄弟の中で、野球をする人は誰ですか。

A　たけおさんだけです。　　　　　B　たけおさんのお兄さんと弟さんです。

C　たけおさんとお兄さんです。　　D　たけおさんと弟さんです。

6. 男の人が旅行会社の人と話しています。男の人は何日の飛行機を予約しますか。

男：ええと、8月20日、パリまで二人を予約したいんですが。

女：8月20日ですね。あ、申し訳ございません。お客様、その日はもういっぱいになっております。

男：あ、そうですか。じゃ、その次の日は？

女：少々お待ちください。今、お調べします…。あ、その日も難しいですね。では、その次を見てみましょう。

男：はい。

女：あ、夜の一番遅い便なら席がございます。それから、23日なら、どの便でも大丈夫です。

男：夜遅すぎると、大変ですから、やっぱりお昼の便がいいです。

女：はい。かしこまりました。

男の人は何日の飛行機を予約しますか。

A　8月20日　　　　　　　　　　　B　8月21日
C　8月22日　　　　　　　　　　　D　8月23日

7. 竜太さんは誰と一緒に旅行に行きますか。

男：ママ、今度の旅行は一人で行きたい。

女：一人で？それはだめですよ。中学生なら一人でもいいんだけど。ママも一緒に行きますよ。

男：ママと一緒じゃ、つまらないよ。

女：じゃ、お兄さんと一緒に行きなさい。お兄さんならしっかりしているから安心できるわ。

男：お兄さん？お兄さんなら、まあ、いいけど。

竜太さんは誰と一緒に旅行に行きますか。

A　一人で行きます。　　　　　　　B　お母さんと一緒に行きます。
C　お兄さんと一緒に行きます。　　　D　お母さんとお兄さんと3人で行きます。

8. 不動産屋が女の人にマンションを紹介しています。女の人が気に入らないことは何ですか。

男：ここは南向きですから、日当たりは悪くないし、眺めもまあまあいいでしょう。

女：あ、ほんと。

男：ま、築10年ですけど、けっこうきれいだと思います。

女：そうね。新築みたいね。

男：それでは、ここでお決まりでしょうか。

女：ええ、でも、家賃がねえ…。

男：お客さま、マンションとしては、悪くないかと思いますが。

女：そうかしら。でも、やっぱりもう少し考えてみるわ。

女の人が気に入らないことは何ですか。

A 日当たりが悪いこと　　　　　B 築10年で古いこと

C 眺めがよくないこと　　　　　D 家賃が高いこと

9. 男の人はカードに何を書きましたか。

男：あのう、本を借りたいんですが…。

女：では、こちらのカードにお名前と連絡先をお書きください。

男：連絡先？住所ですか。

女：はい。それに電話番号もお願いします。

男：はい。これでいいですか。あ、会社の電話番号と両方書いておきましょうか。

女：いえ、ご自宅だけで結構です。

男の人はカードに何を書きましたか。

A 名前と自宅の電話番号です。

B 名前と住所と自宅の電話番号です。

C 名前と住所と会社の電話番号です。

D 住所と自宅の電話番号と会社の電話番号です。

10. 男の人がこれからする順番はどれですか。

男：ただいま。

女：お帰りなさい。

男：ああ、疲れた。今日も暑かったなあ。

女：冷蔵庫にビールがありますよ。すぐに飲む？

男：いいね。暑い夏には冷たいビールが一番だ。おれの楽しみだな、ビールは。
　　その後、テレビを見ながらゆっくり晩ご飯を食べよう。

女：あ、そうだ、あなた。暑いから、まずシャワーをあびたら？涼しくなりますよ。

男：そうだね。シャワーも悪くない。じゃ、楽しみは後にして、まずは君の言う通りに
　　するか。

男の人がこれからする順番はどれですか。

A シャワー→ビール→食事　　　B ビール→食事→シャワー

C ビール→シャワー→テレビ　　D シャワー→食事→ビール

答案

1.C　2.C　3.D　4.D　5.D　6.D　7.C　8.D　9.B　10.A

問題7　録音を聞いて、_____にひらがなやカタカナを書き入れてください。録音は3回繰り返します。（1×10）

听力原文及答案

1. 火曜日と金曜日は、この①教科書を使います。必ず②予習してきてください。文法の説

明を読んでくること。それと、新しい言葉を③覚えてくること。新しい課を勉強する前に、その課の単語の小さい④テストをします。授業の最初にします。あとで受けることはできませんから、授業には、⑤遅れないようにしてください。

2. 今日は、近くの⑥スーパーへ買い物に行きました。まず、野菜コーナーで、リンゴを⑦四つとトマトを五つ買いました。リンゴは一つ120円でしたが、四つで400円でした。次に、肉のコーナーで⑧豚肉を200グラム買いました。今晩は豚肉の⑨しょうが焼きを作ります。そうだ。友達の良子さんも呼んで二人で一緒に食事をしよう。今から⑩楽しみです。

Memo